영성과 사회성

전 성 주 지음

영성과 사회성

한국학술정보(주)

행복에 대하여

자기의 삶에 만족하지 못하는 사람이 하나님께 물었다.
"주님은 언제쯤 저에게 복을 내려 주시렵니까?"
하나님께서는 그의 어두운 그늘을 품어 주시면서 그에게 대답하셨다.
"너는 태어나는 그 순간에 이미 네가 받을 복을 다 받았다."라고.

아이를 바라보며 기대에 찬 부모가 아이에게 물었다.
"너는 언제쯤 부모에게 효도를 해서 우리를 기쁘게 할 거니?"
아이는 환한 웃음을 드리면서 부모님께 대답했다.
"저는 태어나면서 부모님께 드렸던 기쁨으로 이미 효도를 다했습니다."라고.

결혼생활이 행복하지 못하다고 생각하는 아내가 남편에게 물었다.
"당신은 언제쯤 나를 행복하게 해줄 거죠?"
남편은 맑은 눈빛을 보내면서 아내에게 대답했다.
"처음 사랑을 고백하던 그 순간이 당신에게 줄 수 있는 가장 큰 선물이었소."라고.

평소에 "삶이란 무엇인가?"라는 질문에 그 답을 얻기를 원했다. 나름의 삶을 통해서 느낀 '삶과 행복'에 대해서 글로 옮긴 것이다.

사람들은 지금보다 좀 더 나은 삶을 이루기 위해서 고통을 인내하면서 살아가야 한다고 생각한다. 그것이 행복해지는 방법이라고 생각하기 때문이다. 하지만 자기가 목표했던 자리에 올라가더라도 행복을 소유한 사람은 그리 많지 않을 거라는 생각이 든다. 아마도 더 높은 목표를 향해서 뛰어가다 평생 동안 만족을 얻지 못할지도 모를 일이다.

어머니의 병간을 하면서 느낀 것이 있다면, 주어진 현실이 받아들이기 힘든 상황들 속에서 "나의 삶은 왜 항상 이렇게 행운이 따라주지 않는가?"라는 좌절을 느꼈던 것도 사실이다. 하지만 고통스럽다고 생각하는 이 순간도, 이미 받은 사랑 위에 하나님께서 나의 삶 속에 베풀어 주신 은혜라는 고백을 하게 된다.

결론적으로 "삶이란 무엇인가?"라는 질문에 대해 "삶이란 덤이다"라는 생각을 해본다. 우리가 행복하다고 생각하는 순간뿐만 아니라, 흔히들 불행하다고 느껴지는 인생의 어려운 순간도 하나님의 섭리 안에서 이뤄지는, 지금-여기(Here & Now)에 현존하시는 주님과 "덤의 삶을 사는 것"이라는 생각을 해본다.

이 연구가 나오기까지 지도해 주신 한신대학교 신학전문대학원 교수님들과 함께 생활한 학우들 그리고 교직원 여러분들께 감사드립니다.

들어가며

교회 역사에서 영성 형성의 중심이 되는 것은 기도이다. 우리는 기도를 통해서 하나님과 대화하고, 깊어진 대화만큼 하나님의 사랑을 경험하고, 하나님과 친밀해진다. 기도는 교회 역사의 핵심일 뿐 만 아니라, 순례자(spiritual director)가 걸어가야 할 영적 여정의 길이기도 하다.

이 영적 순례의 길을 가기 위해서 우리가 관심을 가져야 할 것이 거룩한 독서이다. 거룩한 독서(lectio divina, 렉티오 디비나)는 교회 전통의 기도와 영적 지도(spiritual direction)의 기초가 된다. 거룩한 독서는 보통 4단계로 구분한다. 거룩한 독서의 시작은 독서(lectio, 렉티오)이다. 그리고 두 번째 단계는 묵상(meditatio, 메디타티오)이다. 그리고 세 번째 단계는 기도(oratio, 오라티오)이며 결국 이 모든 단계를 넘어서 궁극적으로 지향 하는 최종 단계는 관상(contemplatio, 컨템플라티오)이다.

거룩한 독서(lectio divina)의 4단계를 이해하기 쉽게 비유로 설명을 한다면, 결혼을 앞둔 남녀가 선을 보는 것에 비유할 수 있다. 거룩한 독서의 첫 번째 단계인 독서(lectio)는 하나님의 말씀을 펼쳐 읽는 단계이다. 이 단계에서 일어나는 현상은 주님의 말씀에 몰입(沒入)하는 것이다. 이것은 마치, 선을 보는 남녀가 상대방의 말을 한마디라도 놓칠까봐, 상대방의 말에 집중하고 귀를 기울여 몰입하는 것과 같다.

거룩한 독서(lectio divina)의 두 번째 단계인 묵상(meditatio)은 하나님의 말씀을 깊이 생각하는 단계이다.

이 단계에서는 주님의 말씀을 듣고 생각하기 위해서 주석과 많은 신학자의 가르침을 참고하는 단계이다. 이것은 마치, 선을 보는 남녀가 상대방의 말을 듣고서, 나의 지식으로 상대방의 조건(학벌, 성품, 재산, 가문)을 판단하기 위해서 자신의 모든 사고에 몰두(沒頭)하는 것과 같다고 할 수 있다.

거룩한 독서(lectio divina)의 세 번째 단계는 기도(oratio)이다. 이 단계에서는 주님의 말씀을 집중해서 듣고-생각하고 난 후, 나에게 말을 건네신 하나님께 내 자신의 마음을 올려 드리는 단계이다. 이것은 마치, 선을 보는 남녀가 상대방의 말을 듣기 위해서 몰입(沒入)하고, 사랑하는 사람으로부터 들려온 말을 판단하기 위해 자신의 사고에 몰두(沒頭)하고 난 후, 나에게 말을 건넨 상대에게 내 생각을 말하는 단계로 이해할 수 있다.

그리고 거룩한 독서(lectio divina)의 마지막 단계는 관상(contemplatio)이다. 이 단계에서는 모든 것을 주님의 눈으로 바라보는 단계이다. 그러기 위해서는 주님의 말씀을 잘 들을 수 있도록, 침묵하는 것이 관상 단계의 특징이다. 이것은 마치 사랑에 눈먼 남녀가, 세상의 모든 것을 사랑하는 사람의 눈으로 바라보고, 사랑하는 사람의 마음으로 느끼는 것으로 이해할 수 있다. 이 단계에서는 많은 말과 논리적인 지식을 더 이상 필요로 하지 않는다. 오직 침묵 속에서 서로의 사랑에 잠겨 그것에 사로잡힐 뿐이다.

　이처럼 거룩한 독서(lectio divina)는 역동적인 기도이며, 관상 기도(contemplative prayer ; Apophatic)는 거룩한 독서가 궁극적으로 지향하는 곳이다.

　그리고 관상기도의 주된 특성인 침묵을 이해하기 위해서는, 우리가 서로 대화하는 과정을 살펴보는 것이 도움이 된다.

　대화는 깊이에 따라서 보통 4종류 즉 침묵, 입술(감정)의 대화, 머리(이성)의 대화, 침묵으로 나눌 수 있다. 가장 낮은 단계의 대화 수준과 가장 높은 단계의 대화 수준은 동일한 침묵의 형태를 취한다. 하지만 가장 낮은 단계의 침묵은 서로 고통을 당하는 수동 공격형 형태의 대화이며, 가장 높은 단계의 침묵은 상생의 열매를 맺는 마음의 대화라고 할 수 있다.

　그러나 침묵으로 드리는 교회 전통의 관상기도 특성을 신학적으로 정립하는 것은 쉬운 일이 아니다. 또한 그러한 영적지도자를 만나는 일은 더더욱 어려운 것이 개신교의 현실이다. 영적인 욕구에 목말라하는 이성 중심의 사고 형태를 취하는 현대인들과 이러한 성도를 양육하는 영적 지도자인 목회자에게, 침묵을 통해 하나님과 대화하는 관상기도를 소개하고, 위니캇의 심층 심리학의 도움을 통해서 관상기도를 이해하고자 한다.

　관상기도을 통한 영성 형성은, 하나님과 친밀(영성)을 통해서 나의 생각과 의지와 삶이 하나님의 생각과 의지와 삶으로 변형되고 일치되는 합일(사회성)을 추구하기 위한 것이다.

　이 책을 통해서 영적 지도자인 목회자와 관상기도를 이해하고 실천하는데 관심있는 기도의 순례자들이 도움을 얻을 수 있기를 기대하며 이 책을 펴낸다.

2008년 1월 빛 고을 광주에서

차   례

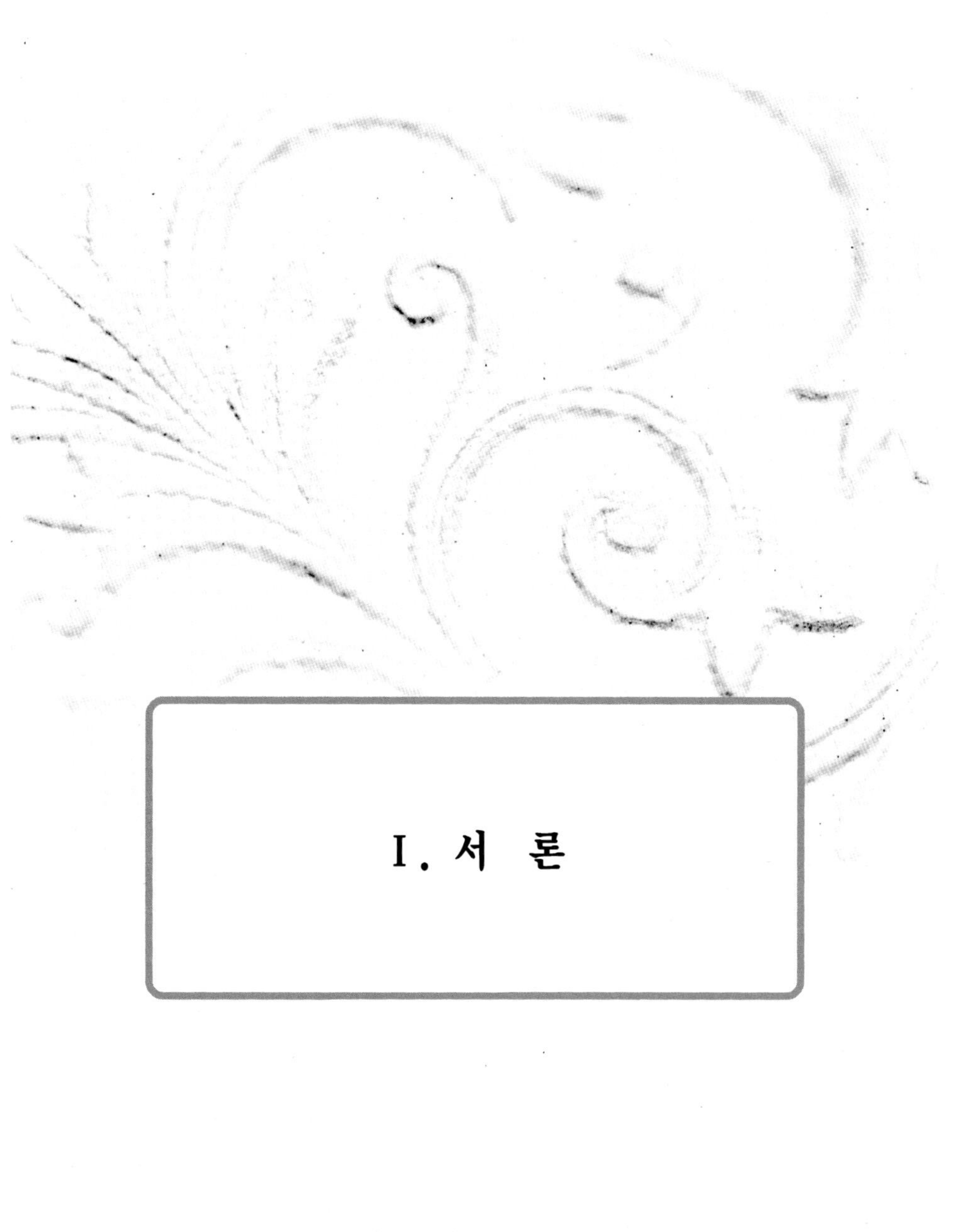

I. 서 론

가. 연구 동기와 목적

21세기는 영적 욕구가 분출하고 있는 영성의 시대이다. 오늘날 급속하게 일어나고 있는 영적 부흥 현상은 여러 요인들이 있겠지만 그것은 무엇보다도 근대의 과학 기술 문명에 대한 반동으로 나타난 현상이라 할 수 있다. 지금까지 세계를 지배해 온 사조는 계몽주의적 모더니즘이었다. 계몽주의의 특징은 인간 이성의 전능성을 주장하는 것이다. 계몽주의는 진리인지 아닌지를 가늠하는 근거를 계시가 아니라 이성에 둔다. 모든 것은 이성의 판단을 받아야 한다. 이성에 의해 참으로 증명되는 것만이 진리로서 인정을 받게 되었다. 그러나 계몽주의 시대는, 나치의 유대인 학살과 두 차례에 걸친 세계대전 같은 참혹한 사건들 그리고 생태계 파괴 현상을 바라보며 이성에 대한 확신이 붕괴되었고, 역사에 대한 유토피아적인 환상이 깨지게 되었다. 이에 따라 지난 300년 동안 서구 세계를 지배해 왔던 이성 중심의 계몽주의적 모더니즘으로는 현대 문명의 위기를 극복할 수 없다는 사실을 자각하게 되었고, 이러한 인식과 더불어 출현한 것이 바로 포스트모더니즘이다. 모더니즘에서는 확실한 것이 있었고, 중심적인 것이 있었고, 절대적인 것이 있었다. 그러나 포스트모더니즘에서는 더 이상 중심적인 것도 없고, 절대적인 것도 없다. 모든 것이 상대적일 뿐이다. 모더니즘에서는 논리적이고 분석적이고 합리적이고 검증 가능한 것만이 중요시되었다. 그러나 포스트모더니즘에서는 직관적이고 통합적이고 초자연적인 것이 중요하게 여겨진다. 이러한 문명사적 전환 상황을 배경으로 나타난 것이 바로 영성 부흥이다.[1) 이처럼 현대인들이 영적인 욕구에 갈급해 있다면, 교회는 마땅히 이 영적인 갈망을 채워 줄 수 있어야 한다.

이렇게 영적 부흥의 시기를 맞았는데, 개신교는 위기의 시기를 맞은 것처럼 보인다. 지난 10년(1995-2005년)간의 종교인구 동향은 개신교의 영적 지도력을 성찰해 봐야 할 필요성을 던진다. 구체적인 통계 자료를 살펴보면, 지난 10년간, 천주교는 2배에 이르는 219만 5000여 명의 증가를 보였고, 불교도 40만 5000여 명의 증가를 보인 반면, 개신교는 오히려 14만 4000여 명의 감소를 보였다.[2) 이러한 변화를 어떻게 해석해야 할 것인가? 외부적으로 비종교인을 대상으로 3대 종단의 이미지를 평가했을 때, 한국교회가 3대 종단 중 가장 긍정적 평가를 받

---

1) 정원범 편,『영성·목회·21세기: 최근의 영성운동과 영성목회』(서울: 한들출판사, 2006) pp.16-19.

2) http://kosis.nso.go.kr/(KOSIS 통계정보시스템: Korean Statistical Information System).

은 것은 '우리 사회에 미치는 영향력이 증가하고 있다'(43.8%)는 항목과 '시대의 변화에 빠르게 적응하고 있다'(39.5%)는 항목이었다. 반면에 한국교회가 3대 종단 중에 가장 부정적인 평가를 받는 항목은 '참진리를 추구하기보다는 교세의 확장에 더 관심이 있다'(64.6%)는 항목과 '지나치게 헌금을 강요하는 경향이 있다'(63.4%)는 항목에서 높게 나왔다.[3] 그리고 내부적으로 개신교인들을 대상으로 한, 현 출석 교회 만족도 평가에서 '담임 목사님의 리더십'(81.8%) 항목과 '하나님을 경험하는 기도와 예배의 영성'(70.4%) 항목이 높게 나왔다. 그러나 현재 다니고 있는 교회에 대한 전체적인 만족도에 어떤 요인이 가장 큰 영향력을 미치고 있는지 회귀분석(Multiple Regression Analysis)을 통해서 분석한 결과, '체계적인 전도 활동'과 '담임 목사의 리더십'이 교회 만족도에 가장 큰 영향을 미치는 변수인 것으로 나타났다.[4]

항 목	내국인	종교인	개신교	천주교	불교
1995년	44,553,710	22,597,824	8,760,336	2,950,730	10,321,012
2005년	47,041,434	24,970,766	8,616,438	5,146,147	10,726,463
증 감	+2,487,724	+2,372,942	-143,898	+2,195,417	+405,451

개신교에 포함된 교단은 성공회와 정통교단에서 이단으로 규정하고 있는 인원을 포함하고 있다.(여호와 증인, 안식교, 몰몬교, 통일교, 영생교, 천부교, 영주교 등-통계표 주석)

3) 한미준-한국갤럽, 『한국교회 미래 리포트』 (서울: 두란노서원, 2005) pp.232-233.

　21세기의 상황과 최근 통계자료를 통해, 한국교회의 외부적인 양적 성장과 함께 내부적인 영성 형성의 균형을 되돌아 볼 필요가 있다. 교회 역사에서 영성 형성의 핵심은 바로 하나님과 의사소통 모델인 기도에 있다. 마르틴 루터(Martin Luther, 1483-1564)는 기도의 필요성에 대해 말하면서, "신앙은 기도이고 기도 이외의 다른 아무것도 아니다. 왜냐하면 종교의 심장이 바로 기도이기 때문이다"라고 했다.[5] 그러나 지금 한국

---

4) Ibid. pp.211-213.

<현 출석 교회 만족도에 대한
회귀분석(Multiple Regression Analysis) 결과>

항　목	Beta 계수	영향력(%)
체계적인 전도활동	**0.195**	**18.5**
담임 목사님의 리더십	**0.190**	**18.0**
우리 교회만의 전문화된 사역	0.128	12.1
지역 사회 봉사	0.122	11.6
교회 사역에 대한 평신도의 참여	0.100	9.5
소그룹의 체계적인 활동	0.083	7.9
교회 개척에 대한 비전	0.077	7.3
하나님을 경험하는 기도와 예배의 영성	**0.059**	**5.6**
세계 선교 사역	0.058	5.5
활성화된 교회 교육	0.043	4.1

5) Rodney J. Hunter et. al, ed., *Dictionary of Pastoral Care and Counseling* (Abing don, 1990), p.938. 김원쟁, 『영성·목회·21세기: 기도의 심리학과 영성』 정원범 편, (서울: 한들출판사, 2006)

교회의 모습은 영성 형성을 통한 목회적 돌봄(pastoral care)보다는 교세 확장이 교회 행정과 프로그램의 시작과 끝처럼 보인다. 눈에 드러나는 양적 성장과 가늠할 수 없는 믿음을 통한 영적 성숙을 동일시한다. 그럼에도 불구하고 여전히 전체 한국 교회의 위치는 퇴보할 위험성을 내포하고 있다.

사람들은 무엇을 찾아 교회를 떠나는가? 교회는 그러한 기갈(飢渴)을 채울 수 없는 무력한 곳인가? 오늘날 현대인의 삶을 잘 대변하는 단어는 '웰빙'(well-being)이다. 몸의 건강과 함께 마음의 평안을 갈급해한다. 영성 형성을 통한 심신(心身) 회복을 추구한다. 이렇게 현대인이 갈구(渴求)하는 심신의 회복을 위한 영성 형성은, 특정 분야와 특정 집단의 전유물이 아니다.

우리는 영적 슈퍼마켓(사회의 다양한 사상과 가치관-신학의 영성, 의학의 영성, 심리학의 영성, 자본주의의 영성 등)에 살고 있다. 사회의 다양한 사상과 가치관은 우리의 심상(心象)을 자극하지만, 주의 깊은 정밀한 검토를 필요로 한다. 왜냐하면 모든 영성은 겉으로 판단하기에 정상 상태처럼 진열되어 있어서 더할 나위 없이 선량한 것처럼 행세하기 때문이다. 그리고 신학의 영성과 심리학적 영성의 상호 영향은 불가분의 관계가 되었다. 심리학적 용어 사용은 교회 안에, 특히 목회 상담의 중요한 부분에 영향을 미치고 있다. 심리학적 인식은

---

p.152에서 재인용.

우리가 선조들보다 더 뛰어나도록 만들지는 않지만, 헛된 무지함으로 되돌아가게 하지는 않는다. 프로이트(Freud)와 융(Jung)은 아담과 이브의 타락에 대해서 그들의 논문에 주의 깊게 전거를 붙였다. 그것은 오히려 은혜와 구속(redemption & salvation)의 의미와 관련해, 새로운 통찰을 우리에게 제공한다. 영성신학자가 미로와 같은 정신(psyche)의 활동에 대해 알면 알수록, 영성신학자는 인간 실존에 구세주(savior)의 필요성을 더욱 확신한다. 반면에 심리치료사들은 심리학적인 식견뿐 아니라 영적 지도자(guru)로서 그들의 역할을 보기 시작하고 있다.6)

그러나 영적 돌봄은 여전히 성직자의 주된 역할이다. 사별(死別)과 후회와 절망 등에 의해 크게 슬퍼하는 사람에게, 진정으로 그를 염려하는 마음을 전하기 위해 그(griever)와 함께 현존하는 자신(pastor)을 허용함으로 그리고 성직자가 말보다는 마음을 전하는 것을 그(griever)가 기억하게 함으로써, 여전히 영적 지도의 중요한 주된 역할은 성직자가 감당한다. 하지만 목회적 돌봄을 위한 심층심리학적 인식이 부족한 경우, 사별(死別)과 절망에 의한 큰 슬픔에 잠긴 가족을 돕기 위해서 어떻게 해야 하는지 모르기 때문에 그러한 상황을 불편하게 느끼며 효과적인 목회 돌봄을 수행하기 어렵게 된다.7) 흔히 목회

---

6) Alan Jones., *EXPLORING SPIRITUAL DIRECTION* (New York, HarperSanFrancisco, 1982) pp.29 – 37.

자들은 정신의학과 심리학적인 인식을 신중하게 고려하지 않는 경향이 있다. 알코올 관련 장애(Alcohol-Related Disorders)와 같은 물질 관련 장애(Substance-Related Disorders)와 인격장애(Personality Disorders)에 대한 사전 이해가 있다면, 목회적 돌봄의 접근 방식이 달라지고 그에 따른 치료 효과도 달라질 것이다. 예를 들어, 정신의학에서는 '인격장애'란 그 개인이 문화적 기대로부터 심하게 벗어난 지속적인 내적 경험과 행동 양식을 보이는 것으로, 광범위하고, 굳어 있고, 청소년기 또는 성인기 초기에 시작되며, 시간이 지나도 변하지 않고, 이로 인하여 고통과 장해가 초래되는 것을 말한다.[8] 인격장애는 굳어져 있어 시간이 지나도 변하지 않는 특성을 지니고 있다는 간단한 사전 이해가 없이 그들을 한두 번의 권면과 기도와 설교로 치유하고자 접근한다면, 결과는 목회자의 탈진(burnout)으로 이어지고, 피지도자의 마음을 더 무겁게 할 뿐이다.

영성 형성을 통한 목회적 돌봄은 치료를 동반한다. 특히 영성신학과 심리학의 만남은, 동양적 사고 방식과 서양적 사고 방식의 통합으로 이루어진다. 수많은 심리치료사들은 그들의 환자가 내적 경험에 도달하도록 돕기 위해서 동·서양 두 정신의 방식을 추구하고 있다. 이 방식들은 주로 '명상적' 기술에

---

7) Rev. Gerald R. Niklas & Charlotte Stefanics, R.N., *MINISTRY TO THE SICK* (New York: ALBA HOUSE, 1982) pp.133-142.
8) 미국정신의학회, 『정신장애의 진단 및 통계 편람 제4판』 이근후 외 14명 역, (서울: 하나의학사, 1997) p.807.

중심을 두고 있다. '명상'(meditation)으로 잘 알려진 기술 안으로 자발적이고 사색적인 분위기의 구체화는, 심리치료사들에게 특별한 관심이다. 전통적으로 명상의 목적들은 인간성 안에 영적인 것에 있다. 그러나 최근 명상의 방식(Form)들은 '실용적'이라고 불릴 수 있는 것을 고안했다.[9]

동양 명상과 서양 심리학을 접목하려는 노력은 이제 이론적인 성과뿐 아니라, 실제 치료 영역에서 괄목할 만한 성과를 보여주고 있다. 최근 수십 년간, 서양의 정신건강 전문가들은 불교 용어나 전통을 받아들이는 데에 관심이 없는 서양인들이 접근할 수 있는 방식으로 마음챙김(觀法, 위빠싸나 명상; vipassana meditation)을 계발하는 치유 프로그램들을 만들어 왔다. 이러한 치유들에는 마음챙김에 근거한 스트레스 감소 프로그램(MBSR; Mindfulness-Based Stress Reduction. Kabat-Zinn), 마음챙김에 근거한 인지치료(MBCT; Mindfulness-Based Cognitive Therapy. Segal, Williams, & Teasdale), 변증법적 행동치료(DBT; Dialectical Behavior Therapy. Linehan) 그리고 수용과 참여 치료(ACT; Acceptance and Commitment Therapy. Hayes, Strosahl, & Wilson) 등이 있다. 동양의 마음챙김에 근거한 처치에는 치료뿐만 아니라, 마음챙김(觀法) 수

---

9) James L. Fosshage, Ph.D. & Paul Olsen, Ph.D., *HEALING: implications for Psychotherpy* (New York: Human Science, 1978) pp.113-115.

행을 가르치기 위한 많은 방법을 포함하고 있다.[10] 이렇게 발달하고 다양해지는 영적 슈퍼마켓에 살고 있는 현대인들, 특히 한국교회 그리스도인들에게 나의 영성 형성에 대한 기독교적 정체성 확립에 고민을 안겨 준다.

교회 전통의 관상기도는 용어와 개념이 매우 낯설다. 그럼에도 종종 관상기도 모임과 수련을 접할 기회가 주어진다. 하지만 교회 전통의 관상기도를 신학적으로 정립한 관상가를 만나는 것은 쉽지 않다. 대부분, 참선 수행과 단전호흡과 요가의 기술들을 현상학적인 측면에서 관상기도라고 부르고 있는 경우가 대부분이다.

관상기도에 대한 심층심리학적 이해 연구를 시작한 동기와 목적은 목회현장을 위한 것이다. 연구 동기는 관상기도 인도자와 지도자가 교회 전통의 관상기도를 신학적으로 정립하지 못한 것에서 오는 기독교의 영적 지도자로서의 정체성에 대한 문제의식을 갖게 되었기 때문이다. 또한 위니캇의 심층심리학을 통해 이성(理性) 중심의 현대 기독교인들이 교회 전통의 유산인 관상기도를 보다 쉽게 이해하도록 도울 뿐만 아니라, 실천방향을 볼 수 있도록 이끌 연구목적을 가지고 연구에 임한다.

---

10) 한국목회상담학회, 『한국인의 종교심리와 목회상담: 한국목회상담학회 제7차 가을 학술대회』 www.kspcc.org, (서울: 2006) pp.84-103에서 재인용.

나. 연구 방법과 범위

관상기도는 하나님과의 친밀을 통해 나의 생각과 의지와 삶이, 하나님의 생각과 의지와 삶과 일치를 추구하는 기도이다. 이러한 관상의 여정은 부수적 효과를 우리에게 선사해 준다. 그것은 몸과 마음의 치유이다. 이러한 현상을 의학적 측면에서는 뇌의 기능과 작용으로 이해할 것이다. 인간 두뇌인 간뇌(Diencephalon)의 시상하부(hypothalamus)의 작용에 의해서, 자율신경(autonomic system)과 내분비 계통(endocrine system)과 면역체계(immune system)의 상호작용에 의한 것으로 이해할 것이다. 심－신(mind－body) 치료의 두드러진 사실은, 몸과 마음 사이의 '간극'(gap)이라고 불리는 것을 중개할 수 있도록 연동하는 두 기능을 전달물질과 수용체가 채운다. 동시에, 심리치료와 심신치료(mind－body healing)에 대해서 항상 관련이 있는 개인적 감정 경험과 행동 유형의, 종속관계 상태(state－dependent)에 대해서 전달분자와 수용체 체계(messenger molecule－cell receptor system)는 근본적인 실마리를 제공한다.[11]

무엇보다 관상기도의 궁극적 목표인 하나님과 일치를 통한

---

11) Rossi, Ernest Lawrenc., *The Psychobiology of Mind－Body Healing: new concepts of therapeutic hypnosis* (New York, London: Library of Congress Cataloging－in－Publication Data, 1993) p.159.

관상생활을 이해하기 위해서 심층심리학적인 인식을 갖는 것
이 필요하다. 전통적 기독교 신앙의 선악의 개념뿐만 아니라,
심층심리학적 도움을 받는 것이 유익하다. 기독교 신앙의 선악
의 개념에 대해서, 코헛의 자기 심리학(the psychology of the
self)에서는 악을 실존적 대상으로서가 아니라 '선의 결핍'(기
만적인 자기-신뢰)으로 이해한다. 그리고 악의 개념에 대한
다른 시각은 대상관계 이론(object relation theory)이다. 대상
관계 측면에서 악은 실재하는 것이 아니라 우리 무의식 안에,
주관의 객관화를 통해 자리잡는다고 이해한다. 즉 우리 무의식
에 존재하는 '나쁜 대상의 이미지'를 악으로 이해한다. 반면에
악을 '실증적인 악'으로 규정하는 여성 신학자(feminist theology)
델로 윌리암스(Delores Williams)는 흑인 여성들이 겪었던 고
난 경험에서 악마성의 실재적인 구체성을 지적한다. 그들은 악
을 단순히 선의 결핍 같은 추상적이거나 자연적인 것이 아니
라 사회, 정치 그리고 경제적인 것으로 규정한다.[12] 심층심리
학은 악에 대해서 여성신학적인 견해와 다른 이해를 가지고
있지만 기독교 영성 형성을 위해, 위의 견해를 진지하게 고찰
할 필요가 있다. 특히 심층심리학은 관상기도의 이해에 많은

---

12) Cooper-White, Pamela. *"I do not do the good I want, but the
    evil I do not want is what I do": the concept of the vertical
    split in self psychology in relation to Christian concepts of
    good and evil.* Journal of Pastoral Theology 13 no.1 (Spring
    2003) pp.63-84.

도움을 줄 수 있다. 관상기도를 통한 영성 형성에 대한 자기심리학적 표현은, 응집적 자기가 발달하고 그에 따라서 자기(self)를 대면하는 과정 중에 자기애적 상처 때문에 파편화되지 않는 것으로, 코헛(Kohut)의 다음의 이론은 관상기도를 이해하는 데 도움이 된다.

> 궁극적으로 응집적 자기(self)가 발달하고 그에 따라 개인은 자기애적 상처(narcissistic injury)와 깨달음을 직면하면서도 파편화를 견딜 수 있는 능력을 지니게 되며 '그의 행동들을 통해서, 그의 중심적(nuclear) 자기에 정해졌던 인생의 설계도'를 깨닫게 된다.[13]

그러나 응집적 자기가 발달한다고 해서 우리가 심리 치료적 여정이나 영적 여정을 진행한 만큼, 우리는 완전하게 우리 원형적/유아적(archaic/childhood) 욕구들로부터 결코 자유롭게 되지 않는다.[14] 단, 관상상태에서 하나님께서 예수 그리스도를 통해 내 허물을 안아주셨던 것처럼, 나도 내 자신의 슬프고 어두운 유아적 욕구를 분열시키지 않고 따뜻하게 품고(holding

---

13) Greenlee, Lynn F. *Kohut's self psychology and the theory of narcissism: some implications regarding the fall and restoration of humanity.* Journal of Psychology & Theology 14 no.2 (Summer 1986) p.111.

14) Julian, Rachel. *Building bridges: Teresa of Avila and self psychology.* pastoral Psychology 41 (November 1992) pp.89–97.

environment) 통합시켜 가는 것이다.

이렇게 교회 전통의 관상기도의 심층 심리학적 이해를 위해서, Ⅱ장에서 주로 아빌라의 데레사(Teresa of Avila, 1515-1582)와 십자가의 요한(St. John of Cross, 1542-1591)을 중심으로 연구할 것이다. 왜냐하면 아빌라의 데레사와 십자가 요한의 신비적 합일은, 그리스도적인 자기(self)로 되는 삼위일체 하나님의 삶을 내재화하는 것으로 이해할 수 있기 때문이다.15) 그리고 Ⅲ장에서는 관상기도 이해를 위해 대상관계 이론가인 도널드 위니캇(D. W. Winnicott)의 심층심리학적 이론을 살펴려 한다. 그리고 Ⅳ에서는 관상기도에 대한 대상관계 이론적인 이해를 전개하려고 한다. 여기에서 하나님과의 친밀을 지향하는 관상기도를, 대상관계 핵심 이론이라고 할 수 있는 위니캇의 '안아주는 환경'(Holding environment)을 중심으로 설명하려 한다. 결론적인 초점은 관상기도를 통한 영성 형성과 정신분석을 통한 심리 치료의 공통된 지향점을 '사회화'에 두고 내용을 전개할 것이다.

연구 방법은 문헌 연구 중심으로 한다. 현대의 영적 지도(Spiritual Direction)의 깊은 본질은 기도하는 사람 자체를 이해하는 것일 뿐만 아니라, 기도하고자 하는 사람의 심리상태와

---

15) Howells, Edward. *John of the Cross and Teresa of Avila: mystical knowing and selfhood* (New York: A Herder and Herder Book, 2002) p.215.

도 연계되어 있다. 그동안 관상기도에 대한 심층심리학적 접근은 주로 융(C. G. Jung)의 심리학을 통해서 이루어졌다.16) 그러나 위니캇의 대상관계 이론(Object Relations Theories)을 통해서 관상기도를 체계적으로 연구한 것은 본 연구자의 연구가 유일하다.

---

16) Arraj, James. *St. John of the Cross and Dr. C. G. Jung: christian mysticism in the light of jungian psychology* (Inner Growth Books, 1988) p.8.

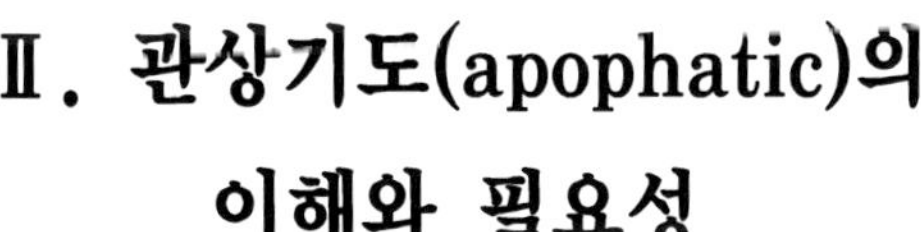

Ⅱ. 관상기도(apophatic)의 이해와 필요성

가. 관상기도의 전통

"관상기도는 무엇인가?"라는 질문에 대해서 설명하는 여러 말들이 있다.

> 관상은 하나님께 대한 초자연적 사랑이요 인식이니, 그분에 의하여 영혼의 그 꼭대기에 부어져 내린, 단순하고 어둑한 것으로서, 그것은 영혼으로 하여금 직접적이고 체험적인 하나님과의 만남을 이루게 해준다.[17]

이와 같은 관상기도에 대한 토마스 머튼의 서술은, 관상기도의 특성을 극명하게 보여준다. 단순하지만 명확하게 객관화시킬 수 없고, 오직 직접적인 체험을 통한 직관을 통해서 하나님과의 만남을 이루는 특성을 잘 언급하고 있다. 그리고 이보다 좀 더 구체적으로 관상기도를 설명하는 내용은 멜빈 매튜스의 다음의 서술이다.

---

17) 토마스 머튼, 『명상이란 무엇인가?』 오무수 역, (서울: 가톨릭출판사) p.39.

관상은 우리에게 하나님 자리를 열어 준다. 그리하여 우리는 삶의 의미가 무엇인지 알고 살아갈 뿐 아니라, 사랑이 무엇인지 알고 사랑하게 된다. 관상은 당신 안에 그리고 당신 주위에 있는 선하고 아름다운 것에 주의를 기울이게 하며 모든 것에서 선과 아름다움을 찾게 한다. 관상기도는 아름다움과 선을 추구하는 모든 이 안에 빛을 비추어 준다. 아름다움과 선을 추구하는 능력은 가장 먼저 그리고 언제나 하나님을 향하고, 다른 사람과 자신 안에서 아름다움과 선을 볼 줄 아는 역량을 말한다.[18]

이처럼 관상기도는 삶의 의미(하나님의 영광)가 무엇인지 알려 주며, 사랑(동정과 구별되고 탈진되지 않는 것)이 무엇인지 알려 준다. 이런 지식은 기도를 통해 체득된 지식으로서, 논리적인 지식처럼 수정(format)하는 것이 불가능할 뿐만 아니라, 옛 사람에서 새 사람으로 거듭나는 동인(動因)이 된다.

하지만 관상기도의 이러한 개념뿐 아니라 '관상'이라는 용어도 우리 개신교에선 낯설고 친근하지 못하다. 그리고 관상이라는 용어를 사용하는 사람과 관상기도에 대해서 함께 이야기하다 보면, 명상의 개념을 설명하면서 '관상'이라는 단어를 혼동하여 사용하는 것을 보기도 한다.

---

18) 멜빈 매튜스, 『내 안의 하느님 자리』 한정옥 역, (서울: 바오로딸, 2005) pp.111-113.

1. 관상기도의 어원

그리스도교 영성에서 핵심적인 단어인 관상(contemplation)
이라는 단어의 완전한 의미를 알아듣기 위해서는 이것이 두
개의 독특한 원천, 즉 성서와 그리스의 철학에서 나왔음을 알
필요성이 있다. 하나님에 대한 경험적 지식을 강조하기 위하
여 히브리어의 다아트(דעת, da'ath)를 그리스 성서는 그노시스
(γνῶσις, gnosis)로 번역했는데, 이 다아트(da'ath)는 인간의 지
력뿐 아니라 전 인격으로 아는 지식을 뜻하는 것이다(예를 들
면 시편 139:1-6). 사도 바울도 하나님을 사랑하는 사람들에
게 쓰일 하나님에 대한 지식을 적절하게 나타내는 말로서 그노
시스(gnosis)라는 말을 사용했다. 그는 이것이 그리스도인의 삶
의 완전한 발전에 필수적인 요소인 것으로 자신의 제자들이 이
것을 갖추게 해달라고 항상 기도했다.(엡3:14-21; 골1:9)

그리고 교부들 특히 알렉산드리아 클레멘스(Clemens, Alex-
andrinus, 150?-215?), 오리게네스(Origenes, 185?-254?), 그리
고 니사의 그레고리오(St. Gregory of Nyssa, 330-95)는 신플
라톤주의 학파에서 테오리아(theoria)라는 말을 빌려서 사용했
다. 이것은 원래 '진리에 대한 지적인 시각'을 뜻하는 것으로서
이것을 그리스 철학자들은 인간의 최고 활동으로 간주한 것이
다. 이러한 기술적인 그리스 용어를 사용하면서 자신의 영적인
뿌리에 몰두한 그리스 교부들이 히브리어의 다아트(da'ath)라

는 말뜻을 여기에 첨가했는데, 즉 그것은 '사랑을 통하여 얻어지는 경험적 지식'이라는 뜻이다. 이렇게 확대된 뜻을 가진 것으로 이해되었던 테오리아(theoria)가 후에 라틴어의 컨템플라티오(contemplatio)라는 말로 번역되면서 그리스도인의 전통으로 우리에게 전해 내려온 것이다.

이러한 전통은 6세기 말에 그레고리오(St. Gregory the Great)는 관상(contemplation)을 '사랑으로 가득히 충만한, 하나님에 대한 지식'이라고 설명했다. 그레고리오는 관상은 성서의 하나님 말씀에 대한 묵상의 열매이면서 동시에 하나님께서 주신 고귀한 선물로 이해했다. 그는 이것을 '하나님 안에 쉼'이라고 불렀다. 이 상태는 모든 상태가 정지된 상태와 같은 것이 아니고, 오히려 많은 활동과 사고들이 하나의 활동과 사고로 합쳐져서 이 기도의 시간에 자신의 깊은 내면에 하나님이 현존하시고 활동하시는 것에 자신이 동의한다는 것과 같은 하나의 순수한 활동과 사고로 집중되는 것이다. 이렇게 하나님이 현존하신다는 친밀한 체험에 바탕을 둔 하나님에 대한 지식이라는 뜻으로 관상을 이해하는 것은 중세까지 계속되었다.[19]

관상기도를 통한 하나님에 대한 경험적인 지식은 내 영혼이 '하나님 안에서 쉼'을 얻는 것뿐만 아니라, '하나님과 친밀'을 지향한다. 마치 외부 세계의 천재지변(天災地變) 상황에서도

---

19) 토마스 키딩, 『하느님과의 친밀』 엄무광 역, (서울: 성바오로, 2005) pp.50-51.

어머니의 품에 안겨 있는 젖먹이 아이의 마음은 매우 고요하고 평온한 것처럼 하나님에 대한 직접적인 경험을 통해 하나님과 친밀한 관계를 지닌 관상가의 영혼도 이와 같을 것이다.

2. 관상기도의 역사

관상기도는 기독교의 전통 안에 있고, 교회 역사와 함께하는 아주 오래되고 존귀한 유산(遺産)이다. 어떻게 보면 관상기도의 역사는 교회의 신비주의(mysticism) 역사와 함께한다고 이해할 수 있다. 신비주의는 2가지의 특성을 지닌다. 그 첫 번째는, 말로 다할 수 없음(ineffability)이다.[20] 신비적인 마음 상태의 가장 큰 특징은 부정적(不定的, uncertainty)인 것이다. 신비적 의식 상태는 다른 사람에게 전달되거나 전이될 수 없다. 이러한 특성의 측면에서 보면, 신비적 상태는 지성의 상태보다 감정적인 상태에 더 가깝다. 그리고 두 번째는, 인식론인 특성(noetic quality)이다. 신비적 상태는 감정의 상태와 여러 가지 측면에서 유사하지만, 그러한 상태를 경험한 사람들에게는 지식의 상태처럼 느껴진다. 신비적 상태는 산만한 지성에 의해서는 측정되지 않는 진리의 깊이를 통찰하는 상태다. 이러한 상태들은 조명과 계시의 상태, 의미 충만한 상태, 존재하지

---

20) 윌리엄 제임스, 『종교 체험의 여러 모습들: 인간의 본성에 관한 연구』 김성민 · 정지련 역 (서울: 대한기독교서회, 1997) pp.412 – 413.

만 표현할 수 없는 상태들이다. 대체적으로 이러한 상태는 한 동안 묘한 권위감을 수반한다. 이러한 특성들 때문에 교회 역사에서 하나님에 대한 경험적인 지식을 소유한, 신비주의자인 관상가들은 교회의 교의학, 특히 삼위일체론에 위배되는 이단(異端)으로 의심을 받기도 했다.

13세기부터는 교회의 세기라고 부를 수 있다. 이 시기에 들어서면서 계시의 내용에 대한, 조직적이고 이성적인 작업을 통한 학문인 '거룩한 교의'(Dogma)가 본격적으로 형성되기 시작한다. 내용은 변할 수 없고 방법론과 해석만이 변화 가능하다.[21] 토마스 아퀴나스는 전통적 신학 자료에 아리스토텔레스의 스콜라 철학의 방법론을 통합시키는 작업을 통해, 합리성과 논리성을 바탕으로 신학적 주제에 대한 체계화와 명료화 작업을 하면서, 의지보다 지성의 우위성을 끊임없이 강조한다. 토마스는 인간의 행복은 일차적으로 주로 관상에 있지만, 이차적으로 실천적 지성이 인간의 행위와 정서를 조정하는 한 그 실천적 지성의 활동에 행복이 있다고 결론짓는다.[22]

교회역사에서 관상기도가 일반화되지 못한 또 다른 이유 중 하나는 통합적 관점의 부재(不在)이다. 이것은 스콜라신학이 형성된 이후의 정형화된 방법과 그 이전의 수도원적 전통으로

---

21) 방효익, 『영성사』(서울: 바오로딸, 1996) p.162.
22) 조던 오먼, 『가톨릭 전통과 그리스도교 영성』 이홍근·이영희 역, (서울: 가톨릭출판사, 1991) pp.190-196.

분리되는 현상이 이어진다. 16세기에는 로욜라의 이냐시오를 중심으로 예수회는 논리적 묵상을 신학적인 테두리 안에서 발전시켜 나갔다. 반면에 수도원적 전통은 갈멜회의 개혁자이며 영성신학의 탁월한 권위자인 아빌라의 데레사와 십자가의 요한을 중심으로 하나님의 사랑에 집중하는 관상기도 전통이 확립된 시기이다. 이 두 큰 흐름은 서로 다른 지향과 방법을 추구하며 융합되지 않고 현대까지도 서로 평행선을 달리고 있다. 기도가 이렇게 나뉘면서 관상기도는 몇몇 사람들에게나 주어진 비상한 은총이라는 잘못된 생각들이 깊어지게 되었고 관상기도는 사람들에게서 점점 멀어져 갔다.

그리고 교회 역사에서 관상기도의 전통에 큰 영향을 미친 것은 거짓 신비주의자들이다. 16세기 초 거짓 신비주의는 온갖 비윤리성과 거짓 시현, 거짓 성흔 및 거짓 탈혼으로 많은 추종자들, 특히 교육받지 않은 수도자들을 매혹시켰다. 프란치스코회 및 도미니코회 영성작가들이 거짓 신비가들을 바로잡으려 했으나 역부족이어서 1551년에는 더 엄격한 방편인 스페인 종교재판소가 필요하게 되었다. 이 영향은 불행히도 모든 올바른 신비주의자까지 의심을 품고 지나치게 엄격하였으며 부당하게 고소함으로써 반(反)신비주의적(anti-mysticism) 경향을 낳게 한 원인이 되었다.[23]

또한 교회사에서 중세의 관상기도에 영향을 준 것은, 교리의

---

23) Ibid. p.283.

불변성과 교회의 완전성이다. 프랑스의 정적주의(靜寂主義, Quietism) 논쟁은 1696년 인노첸시오 12세 교황에 의해 단죄되면서 끝을 맺었다. 혹자는 이를 두고 '신비가들의 몰락'이라 부른다. 이러한 현상들은 신비라는 말에 두려움과 오해를 갖게 되었고 신비가들의 공백기를 몰고 오게 되었다.24)

이처럼 관상기도의 역동성은 교회의 교의(Dogma)의 틀에 담을 수 없는 것이다. 이 역동성은 교회의 완전성에 도전하는 위험한 것으로 여겨졌다. 그로 인해서 진실한 하나님의 사랑에 사로잡히는 관상기도를 꺼려하고, 소수의 영성가들의 전유물로 여겼다. 다수의 사람들은 교회 권위에 대한 두려움으로 권위의 틀에 벗어나지 않는 논리적 묵상 방법을 전반적으로 따르고 있다.

그러나 20세기 제2차 바티칸 공의회는 획기적인 영적 쇄신을 이루는 계기가 되었다. 공의회에서 신학자들은 영성이 교의신학이나 윤리신학에 종속된, 그래서 이 신학들 안에서 다루어져야 하는 하나의 주제가 아니라, 다른 하나의 학문적 중심 주제가 되어야 한다는 것을 주장하기 시작한다. 그전까지는 교의·윤리·도덕적인 측면과 신비적·비가시적 행위라는 2가지 관점으로 분류되어 연구하던 영성에 대한 신학적 주제를 '영성신학'(Teologia espiritual)이라는 새로운 신학적 이름으로 정립하기 시작했다.25)

---

24) 방효익, 『영성사』 (서울: 바오로딸, 1996) p.330.

이제 관상 생활은 그리스도교적인 삶의 본질에 속하며 모든 신앙인들은 관상에로 초대를 받고 있다. 현대의 그리스도인들은 관상기도(Apophatic)26)를 되돌아 보게 되었고 그 보물을 다시 얻고자 노력하고 있다.

구체적으로 교회 역사에서 관상기도의 맥을 이어 오는 지역과 인물들이 있다. 이집트, 팔레스타인, 시리아의 에바그리오(345-399), 요한 카시안(365-435), 요한 클리마코(St. John Climacus, Born 525-569 in syria-Died 605-649 on Mount Sinai of natural Causes) 등과 같은 사막의 교부들이 수련했고 가르쳤다. 모든 세대에 이 전통을 대표하는 인물들이 있었다. 교부시대에는 서양에 어거스틴(St. Augustine, 354-430)과 그레고리오(St. Gregory the Great, 540-604) 그리고 동양에 유사(僞) 디오니시오(Pseudo Dionisius Areopagita)27)와 헤시카

---

25) Ibid. pp.395-396.

26) 영성의 전통에 따르면 두 가지의 기도 방식이 있다. 하나는, 예수회 이냐시오(St. Ignatius of Loyola)의 『영성수련』(Spiritual Exercises)이다. 이 전통은 상징 및 개념과 논리에 의존하는 기도로 카타파틱(Kataphatic) 방식의 하나이다. 다른 하나는, 십자가의 요한(St. John of Cross)과 아빌라의 데레사(Teresa of Avila)가 속한 가르멜 수도회 전통이다. 이 전통은 상징과 개념에 의존하지 않는 아포파틱(Apophatic) 방식이다. 본 연구의 연구 중심은 아포파틱(Apophatic)에 관한 것이다.

27) 위(僞)-디오니시우스(5-6세기)만큼 동방이나 서방의 기독교적 관상에 큰 영향을 미친 작가는 없다. 그는 『무지의 구름』(The Cloud of Unknowing)의 저자에게 강력한 영향을 미쳤다는 점에

스트들28)이 있었다. 중세기에는 클레르보의 베르나르도(Bernard of Clairvaux, 1090-1153년), 티에리의 윌리암, 카투시안인 귀고(Guigo, ?-1188), 그리고 라인랜드의 신비가들인 메헤틸트, 마이스터 에카르트(Meister Eckhart, 1260-1328?), 루이스브뢰크(Jan van Ruysbroek, 1293-1381) 등이 있으며, 영국의 14세기 신비가들로서 『무지의 구름』(The Cloud of Unknowing)을 쓴 저자와 월터 힐튼(Walter Hilton, ?-1395), 리처드 롤 그리고 노르위치의 줄리앙(Dame Julian of Norwich, 1342-1416) 등이 있었다.

종교개혁 후에는 가르멜 수도회의 아빌라의 데레사(Teresa of Avila, 1515-1582), 십자가의 요한(St. John of Cross, 1542

서 중요한 인물이다.

28) 헤스카시즘(Hesychacism)은 동방 수도원의 삶의 양식 문제에서 대두되었다. 정교회 전통에서는 '예수기도'(Jesus Prayer)를 자주 반복함으로써 예수님께 기도한다. 이 기도의 표준적인 형태는 "하나님의 아들, 주 예수 그리스도시여, 나를 불쌍히 여기소서"이며, 때로 '나를' 앞에 '죄인'이라는 표현을 추가한다. 수도사들은 그들이 준수한 엄격한 기도방법 때문에 헤시카스트로 불리었다. 이들의 물질주의적이고 심신 상관적 기도방법은 인위적이고 기계적인 것으로 비판받기도 했는데 모든 헤시카스트들은 이러한 방법들이 하나의 중요한 목적, 곧 하나님 자신과 연합을 이루고, 그분의 비전을 경험하기 위한 수단이라고 언명하면서 부정신학(Negative theology)을 신비적 경험과 결합함으로써, 불가해하고 알 수 없는 분이라고 하는 아포파틱(Apophatic)의 입장을 견지하면서, 동시에 우리는 그분을 직접적으로 그리고 기도를 통해서 알 수 있다고 주장한다.

-1591) 그리고 리지외의 데레사(소화 데레사: 1873-1897)가 있었고, 프랑스 학파의 영적 저자로서 프란치스코 드 살(St. Franciscus de Sales, 1567-1622), 샹탈의 제인이 있었고, 예수회 소속으로 드 코사드(Jean-Pierre de Caussade, 1675-1751), 랄르몽, 수린 신부들이 있으며, 베네딕토 소속으로 아우구스티노 베이커 신부, 요한 차프만 신부, 그리고 현대 시토회 중에는 비탈 르호디 신부와 토마스 머튼(Thomas Merton, 1915-1968) 등이 있다.29)

이렇게 관상기도는 교회 역사의 중심에 뿌리를 두고 있고 지금도 소중한 유산으로 자리하고 있다. 언어와 사상과 형상을 넘어서 있어 말로 표현할 수 없고, 오직 경험적 체험을 통한 직관을 통해서 하나님을 체득(體得)하게 되는 관상기도(contemplation, apophatic)의 특성은 교회의 제한된 이성의 틀로서 규정할 수 없는 역동성에도 불구하고, 교회 선통에서 굳건한 위치를 확보할 수 있는 것은 성서적인 기도라는 것이다.

3. 관상기도와 거룩한 독서

관상기도의 역사에서 살펴보았듯이 교회의 고정된 교리와 충돌을 일으킨 것은 신비주의적 역동성이다. 그 대표적 인물과 사

---

29) 토마스 키딩, 『하느님과의 친밀』 엄무광 역, (서울: 성바오로, 2005) p.57.

상이 마이스터 엑카르트(1260-1328)의 초탈(Abgesciedenheit)과 돌파(Durchbruch)의 사상이다. 그는 이렇게 말한다.

> 인간이 자기 자신과 모든 피조물들에게서 등을 돌리는 것만큼 그대는 시간이나 공간이 일찍이 한번도 접해 본 일이 없는 영혼의 작은 불꽃에서 하나로 통일되어 행복해질 것이다. 이 불꽃은 모든 피조물들을 거부하고, 있는 그대로의 벌거벗은 하나님 외에는 아무것도 원하지 않는다. 그것은 성부나 성자나 성령에 만족하지 못하고, 삼위 모두라 해도 각각 고유의 성품을 지니고 있는 한 만족하지 못한다. 나는 실로 말하나니, 이 빛은 신적 본성의 비옥한 품이 지닌 단일성으로도 만족하지 못한다.30)

이처럼 관상기도의 신비주의는 개혁적 역동성을 지니고 있으면서도 기독교 전통에 속해 있는 것은 거룩한 독서와 관계가 있다. 거룩한 영적 독서(lectio divina, 렉티오 디비나)에는 두 가지 전통적인 방법이 있다. 즉 수도원적 방법과 스콜라적 방법이 있다. 수도원적 방법의 기원은 4세기로 거슬러 올라간다. 그것은 수도사들이 종일 혼자 기도하는 특별한 방법에 적용된다. 수도사들이 모여서 공동체와 함께 기도할 때, 특별한 성경 구절이 수도사의 관심을 끌 수 있다. 그럴 때 그는 종일 그 구절을 생각하고 반추(反芻)한다. 그러다 보면 자발적으로

---

30) 길희성 『마이스터 엑카르트의 영성 사상』 (경북: 분도출판사, 2003) p.172에서 재인용.

기도하거나 그 말씀의 능력 안에서 쉼을 얻기도 한다. 기도에
는 여러 '순간들'(moments)이 있는데, 그것들이 일정한 순서로
진행되는 것이 아니며 유동적이다. 기도는 수용적 방법으로 성
령의 흐름을 따른다. 말씀이 수도사의 일부가 되어, 종일 활동
할 때 성령이 중요한 역할을 한다.31)

영적 독서의 또 다른 방법은 스콜라적인 방법이라고 불린다.
이것은 12세기의 카르투지오회 수사인 귀고(Guigo)의 저술에
서 기원한 것이다. 그 시대의 교회에서는 영적인 일에 대한 저
술에서 다소 분석적인 방법이 사용되었다. 그러므로 귀고는 네
순간을 분석하여 순서를 부여하고, 수도원적인 영적 독서의 각
순간에 진행되는 것들을 묘사했다. 영적 독서는 성경을 읽는
수행을 중심으로 하는 네 단계의 훈련이다. 귀고는 그 수련을
야곱의 사다리처럼 세상에서 천국으로 올라가는 데 사용되는
수도사들의 사다리라고 불렀다. 그 사다리를 올라가거나 내려
갈 수 있고, 또한 몇 단계를 건너뛸 수도 있고, 우회할 수도
있고, 대체로 자유롭게 이동할 수 있다. 사다리의 첫 단계는
독서(lectio)이다. 두 번째 단계는 묵상(meditatio)이며 그리고
세 번째 단계는 기도(oratio)이고, 마지막 단계가 관상(con-
templatio)이다.32)

---

31) 칼 J. 아리코, 『집중기도와 관상여행』 엄성옥 역,(서울: 도서출판
    은성, 2000) pp.135 – 136.
32) Ibid.

이처럼 거룩한 독서는 관상기도를 계발시키는 데 가장 전통적 방법이다. 거룩한 독서는 초대교회 시대부터 그리스도교 수도생활의 근간을 이루었다. 그것은 성서의 내용을 마치 하나님과 대화하면서 하나님이 토론의 주제를 선택해 주시는 것처럼 말씀을 신중하게 듣는 것으로 구성되어 있다. 거룩한 독서의 방법을 따르는 사람들은 더욱더 깊은 수준의 주의를 가지고 하나님의 말씀을 듣는 힘을 기르는 것이다. 자발적(spontaneous)인 기도는 하나님과의 관계가 더욱더 성장하면서 정상적으로 나타나며, 관상의 은총은 그것에 대하여 하나님께서 정상적으로 주시는 응답이다.[33]

이처럼 관상과 성서는 불가분의 관계이다. 관상기도와 거룩한 독서의 관계는 신비주의가 교회 전통에서 벗어난 이단 논쟁에 휘말리는 것을 어느 정도 벗어나게 해 주었다. 그리고 현상학적인 유사성을 지니고 있는 타종교의 전례[34]와 관계에서도 기독교적인 정체성을 지니게 되는 핵심이 된다. 그리고 거룩한 독서와 관상의 요체(要諦)는 신뢰하면서 사랑으로 갖는 믿음이다. 이것을 통하여 하나님은 인간을 들어 올려 주시며,

---

33) 토마스 키딩, 『하느님과의 친밀』 엄무광 역, (서울: 성바오로, 2005) pp.51 - 52.

34) 관상기도(Apophatic)와 선(禪)은 현상학적으로 구분하기가 어렵다. 초탈과 돌파라는 부정신학과 인생무상(人生無常)이라는 공(空)의 철학은 현상학적으로 동일하다. 차이점을 찾는다면 신학적인 접근에서 구별하는 것이다.

복음의 가치와 성령의 역사에 역행하는 우리의 의식적인 혹은 무의식적인 장애를 정화시켜 주시는 것이다. 고전적이고 엄격한 의미에서의 관상기도는 '생명으로 인도하는 좁은 길'이다. 그리고 무엇보다도 중요한 핵심은, 이 모든 일은 사람이 하는 일이 아니라 '성령'께서 하시는 일이라는 것이다.[35] 관상기도의 정체성을 기독교적인 전통에서 찾을 수 있다고 주장하는 주된 이유가 여기에 있다.

나. 관상기도의 종류

기도는 현상에 따른 분류와 기도의 단계에 따른 분류가 있다. 먼저 어반 홈즈(Urban. T. Homles)는 수도자의 영성 형성에 많은 영향을 미치는 기도의 형태를, 기도현상에 따라 사색적 기도(speculative prayer)와 감정적 기도(affective prayer)와 상상적 기도(Kataphatic, imaging) 그리고 비우는 기도(Apophatic, emptying)로 분류한다.[36]

어반 홈즈의 기도 현상에 따른 분류 중에서 이미지를 사용하는 상상적 기도(Kataphatic)[37]와 비움의 기도(Apophatic)[38]를

---

35) Ibid. p.59.

36) 권명수, 『영성 · 목회 · 21세기: 관상기도』 정원범 편, (서울: 한들출판사, 2006) p.364.

관상기도라고 부른다. 하지만 엄밀한 의미에서는 상상적 기도
(Kataphatic, imaging)는 관상(contemplation)이라기보다는 명
상(meditation)에 속한다고 이해할 수 있다. 토마스 머튼의 다
음의 주장도 비움의 기도(Apophatic)를 통한 관상과 상상적 기
도(Kataphatic)를 통한 명상을 구별하는 것을 뒷받침해 준다.

> 정말은 딱 한 가지의 관상이 있을 따름이다. 그 말은 제 의
> 미로 쓰였을 때, 그 엄밀하고 정확한 뜻에서 주부적(注賦的)
> 혹은 신비적 관상을 의미한다. 이는 또한 '수동적(受動的)' 관
> 상이라고 일컬어진다. 그것은 하나님의 순수한 선물이며, 우
> 리가 깨닫게 되겠듯이, 하나님은 영혼 안에 그것을 부어 주시
> 는 그리고 바로 그렇게 하심으로써 영혼의 능력들을 다 차지
> 하시고 당신 뜻에 따라 그 능력들을 곧추 움직이게 하시는
> 제1동인(第一動因)이시다.[39]

---

37) 상상적 관상 경험을 지향하면서 기독교 영성의 역사에 중요한
발자취를 남겨 놓은 인물로는 예수회 창시자 로욜라의 이냐시오
(St. Ignatius of Loyola, 1491-1556)가 있다.

38) 이것을 대표하는 수도회와 인물은 갈르멜 수도회 소속의 아빌라
의 데레사(Teresa of Avila, 1515-1582)와 십자가의 요한(St.
John of the Cross, 1542-1591)이다. 그리고 본 연구의 관상기도
의 중심인물이며, 이들의 주장에 내용이 맞추어져 있다.

39) 토마스 머튼, 『명상이란 무엇인가』(WHAT IS CONTEM-
PLATION?), 오무수 역, (서울: 가톨릭출판사, 1986) p.29. (번
역자 오무수는 contemplation을 '명상'이라고 번역했지만, 여기서
는 다른 명상(meditation)과 구분하기 위해서 '관상'이라고 옮겼
다.

그리고 조던 오먼(Jordan Aumann)은 아빌라의 데레사가 묘사한 7궁방을 기도의 9단계 (①구송기도 ②묵상 ③정감의 기도 ④단순함의 기도 ⑤주부적(注賦的) 관상 ⑥정적(靜寂)의 기도 ⑦일치의 기도 ⑧순응일치의 기도 ⑨변형일치의 기도)로 분류한다.[40] 이것들을 권명수는 구송(口誦)기도(vocal prayer)와 명상기도(meditation)와 관상기도(觀想)(contemplative prayer) 3가지로 분류한다.[41]

그러나 이러한 진술은 편의상 기도의 내용을 설명하기 위해서 이론상 구분한 것이지 실제에 있어서는 그렇게 명확하게 구분되지 않는다. 어떤 때는 3가지 기도가 모두 한 기도에 포함될 수 있다. 초(初)신자가 오래된 신자보다 관상기도에 더 깊이 들어가는 경우가 간혹 발생하기도 한다. 그래서 기도의 단계나 수준에 문자주의적으로 엄격하게 의존하는 것은 주의해야 한다. 관상기도를 통한 기도 생활은 하나님의 현존을 자각하는 일이며 성령에게 우리 자신을 여는 일을 주도적으로 행하기까지 성장하게 돕는다. 그러므로 우리는 기도할 때 무엇보다도 자신의 기도를 인도해 주시는 분은 성령임을 깨닫고, 그분의 손길을 인정하고 겸손하게 순종하는 자세가 필요하다.[42]

---

40) 조던 오먼, 『영성신학』 이홍근 역, (경북: 분도출판사, 1987) p.366.

41) 권명수, 『영성 · 목회 · 21세기: 관상기도』 정원범 편,(서울: 한들출판사, 2006). pp.355 – 356.

이렇게 관상이라는 것은, 거룩한 독서(Lectio Divina)의 역동성과 동일한 구조를 갖는다. 거룩한 독서의 4단계인 독서(lectio)와 묵상(meditatio)과 기도(oratio)가 결국 관상(contemplatio)에 이르는 상호 역동적인 구조에 있다. 이러한 기도의 역동성은 거룩한 독서에 대한 4단계의 상호영향을 바라보는 귀고(Guigo, ?-1188)의 입장에도 나타나 있다.

> 묵상(meditatio)이 없는 독서(lectio)는 무미건조하다. 독서가 없는 묵상은 잘못된 것이다. 묵상이 없는 기도(oratio)는 열의가 없다. 기도가 없는 묵상은 결실이 없다. 헌신적인 기도는 관상(contemplatio)에 이르지만, 기도가 없이 관상에 이르는 것은 기적이며 지극히 드문 일이다.[43]

하지만 관상기도의 이해가 부족한 개신교의 입장을 고려해서 조던 오먼의 기도의 9단계에 따른 분석적 분류를 살펴보는 것이 필요하다. 물론 이것은 통합적 역동성에 있는 것을 더 잘 이해하기 위한 분석적 과정(부정에 대한 부정의 과정)으로 가는 것이다. 그리고 기도의 단계에 따른 분류에서 관상기도를 이해하기 위해서는 아빌라의 데레사가 저술한 '영혼의 성'의 7궁방을 오먼이 9단계로 설명한 것을 권명수 교수의 분류에 따

---

42) Ibid. p.357.

43) 칼 J. 아리코, 『집중기도와 관상여행』(Centering Prayer and the Contemplation Journey) 엄성옥 역, (서울: 도서출판 은성, 2000) p.143에서 재인용.

라서 구송기도와 명상기도(이냐시오식 관상) 그리고 관상기도 (apophatic way)로 나누어 구체적으로 살펴보는 것이 관상기 도를 이해하는 데 적합하다.

1. 구송기도(vocal prayer)

구송기도는 글이나 말이나 관계없이 말마디로 표현된 기도 형식을 뜻한다. 이런 종류의 기도는 공적 기도나 전례기도에서 사용되는 형식이지만 개인적으로도 많이 사용되고 있다. 구송 기도에서 요구되는 것은 주의(attention)와 신심(devotion)이 다. 주의(注意)는 실제적 또는 실질적이어야 한다. 실제적 주 의는 기도하는 이가 지금 여기서 자신이 하고 있는 것이 무엇 인가를 깨달을 때 갖게 된다. 실질적 주의는 기도 시작할 때에 가졌던 생각이 기도를 하는 동안 절회뇌지 않고 끝까지 연장 되는 것이다. 그리고 둘째로 요구되는 것은 신심이다. 이것은 주의를 보충하는 것이다. 주의(注意)로써 기도 실천에 '지성' (知性)을 사용하는 것이라면, 신심(信心, devotion)으로써 우리 의 '의지'를 하나님께 향하는 것이다.44)

구송기도는 결코 없어질 수 없는 기도형태다. 가장 높은 성 덕에 도달한 이들에게도 필요하기 때문에 이 기도를 성실한

---

44) 조던 오면, 『영성신학』 이홍근 역, (경북: 분도출판사, 1987) pp.366-368.

마음으로 바칠 것을 강조한다. 그리고 구송기도는 하나님께 대한 사랑의 강도를 표시하는 데나 신심을 불러일으키는 데나 필요하다. 기도를 수덕적인 것과 신비적인 것으로 대별할 수 있다 해도, 영성생활 초보단계에도 신비적 기도가 있을 수 있고 또 신비적(神秘的) 방법에 진보한 이에게도 수덕적(修德的) 기도가 나탈날 수도 있다. 여기서 신비적·수덕적이란 표현은 양자 중 우세한 것이 어느 것이냐에 따라 구별하는 것일 뿐 한편이 다른 것을 배제하지 않는다.45) 그러나 우리 개신교 모든 기도는 구송기도로 시작해서 구송기도로 끝나는 기도의 형태를 취한다. 기도를 내가 하나님께 말씀드리고 내가 하나님의 말씀을 듣는, 하나님과 나의 친밀한 대화라고 정의한다고 할 때, 구송기도는 일방적으로 자신의 용건만 전하고 하나님 말씀을 듣지 않고 대화를 일방적으로 중단하는 것으로 이해할 수 있다. 우리는 기도를 통해서 하나님과 친밀해지는 깊은 사귐의 기도 단계로 진행할 필요성을 인식해야 한다. 하나님의 언어는 침묵이라는 걸 인정한다면, 우리도 비움과 침묵의 언어를 배우고 사용해야 한다. 그렇게 되기 위해서는 명상기도(meditation. kataphatic way)를 거치는 것도 좋은 훈련이 될 것이다.

---

45) Ibid. pp.368 – 369.

2. 명상기도(meditation)

묵상과 정감의 기도는 명상기도에 속한다. 고대 작가들이 묵상 방법에 대해서 언급하긴 하나 영성작가들이 추리기도(묵상)의 자세한 방법들을 제시하기 시작한 것은 16세기 이후이다. 그 대표적인 묵상은 이냐시오 로욜라(St. Ignatius of Loyola, 1491-1556)의 방법이다. 이 방법을 통한 전체적인 묵상의 특성은 상상력의 사용, 기억의 사용, 지성의 사용 그리고 의지의 사용이다. 이러한 특성은 십자가의 요한(St. John of the Cross, 1542-1591)이 '가르멜의 산길'에서 말하는 관상기도(Apophatic)의 특성 즉 '감각, 이성, 기억, 의지'의 능동적인 어둠(비움)과 반대되는 현상이다. 그리고 오먼의 기도 분류 중에 묵상과 정감의 기도는 이 명상에 속한다.

추리 작용이 없으면 묵상이 아니다. 추리적 묵상은 초자연 진리가 지닌 의미를 꿰뚫어 보고, 그것을 사랑하며 은총의 도움으로 그것을 실천하기 위해 그것에로 마음을 돌려 추리하는 것을 말한다. 그렇다고 묵상은 묵상자가 사색하는 초자연 진리에 대한 사랑을 불러일으키는 것으로 완성되지는 않는다. 어떤 묵상이건 합당한 묵상이라면 미래의 실천적 결심으로 끝나야 한다. 사랑은 본질상 행동하게 만든다. 묵상이 추리작용의 단계와 사랑의 행동 단계를 거치게 될 때 애덕(愛德)은 묵상자로 하여금 사랑을 실천하도록 충동하는 것이다. 묵상은 3단계의 기본구조를 가진다. 첫째는 초자연적 진리에 대한 고찰이다. 두 번째는 그 진리를 일상생활에 적용하는 것이다. 그리고 마지막은 진리에 대한 그 무엇을 실천하려는 결심으로 이루어진다. 이 삼 단계―고찰, 적용, 결심―은 참된 묵상에 본질적 요소이다. 그리고 정감의 기도와 묵상은 특별한 차이는 없다. 단지 묵상은 '지성'을 사용한 추리작용이 강한 반면, 정감의 기도는 '의지'작용의 사랑이 우세한 단순화된 묵상이다.[46]

명상은 이미지를 통해 감미로움과 감각적 위로를 준다. 하지만 어둔 밤―비움의 길(Apophatic way)―을 강조하는 십자가의 요한은, 이렇게 감각의 맛을 추구하는 사람들은 감각의 맛을 느끼지 못할 경우 맥이 풀리고 조금도 기도했다고 생각하지 않음을 지적한다. 이러한 잘못된 생각은 참다운 신심과 정신을 잃어버리게 한다. 또 초심자 대부분은 영성 수행에서 발견하는 맛과 재미에 빠져서, 하나님이 영성의 전 과정에서 보시고 기뻐하시는 영의 순결과 분별보다 차라리 영의 맛을 얻으려 한다. 이것은 영적 탐욕이다. 그렇지만 참다운 신심이란 자기를 믿지 않고 오직 하나님을 기쁘게 해드릴 생각 하나로 인내와 겸손으로 무미(無味, 어둔 밤)한 과정을 끝까지 버티는 데에 있다.[47]

---

46) 조던 오먼, 『영성신학』 이홍근 역, (경북: 분도출판사, 1987) pp.369-378.
47) 십자가의 성요한, 『어둔 밤』 최민순 역, (서울: 바오로딸, 1973) pp.38-41.

이렇게 비움의 길(Apophatic way)을 갈 수 있는 건, 바로 신실하신 임마누엘의 하나님을 향한 믿음 때문이다. 즉 나의 영의 감각적인 맛이나 기쁨을 거둬 가시는 것은, 이것이 지금 나에게 적절한 것이며 보다 더 큰 은혜를 주시기 위한 것이라는 믿음의 힘이다. 십자가의 요한은 명상기도의 만족에 머물지 말고, 감각의 어둔 밤과 영의 어두운 밤을 통해서 하나님과 더 친밀하고 깊은 사귐에 이르는 관상을 지향하도록 가르친다.

3. 관상(觀想)기도(apophatic)

관상기도(contemplative prayer & apophatic)는 크게 두 단계로 구분할 수 있다.[48] 첫째는 능동적(active) 관상기도이다. 이 단계에서 기도는 우리가 의도적으로 시간을 내어 주님께 나아와 기도하는 난계이다. 우리가 보통 관상기도 한다고 할 때는 이 단계의 상태를 말한다. 둘째는 주부적(infused) 관상기도이다. 이 단계의 기도는 성령의 주도에 의해서 이루어지기 때문에, 이때 우리는 수동적 측면이 주된 상태이다. 즉 기도하는 가운데, 기도하는 내가 아무런 노력을 하지 않는데도 은총이 밀려오는 상태이다.

오먼의 분류 중 단순함의 기도(prayer of simplicity)는 능동적(active) 관상기도이다. 단순성의 기도는 수덕적(修德的) 기

---

48) 짐 보스트, 『관상』 박금옥 역, (서울: 성 바오로, 1999) pp.26-27.

도와 신비적(神秘的) 기도 사이에 다리 노릇을 한다. 이것은 성령이 은사를 통해 영혼 안에 작용하기 전의 최종적 단계이다. 그렇기 때문에, 단순함의 기도를 드리는 가운데 습득적(習得的) 요소와 주부적(注賦的, infused) 요소가 혼합됨을 흔히 체험하게 된다. 단순성의 기도 실천은 이 기도가 지닌 단순성 때문에 기도하는 특수한 방법이 따로 없다. 있다면 그냥 응시하고 사랑하는 것뿐이다.49) 적극적 관상기도인 단순함의 기도를 잘 설명한 것은 십자가의 요한의 '가르멜의 산길'이다. 그는 비움의 기도에 대한 가르침을 말하면서, 감각의 능동적 어둔 밤과 영성의 능동적 어둔 밤을 이야기하고 있다.

그리고 능동적 관상기도의 상태를 지난 두 번째 단계는 주부적 관상기도이다. 하나님과 영혼의 일치 정도의 차이에 따라서 주부적 관상(infused contemplation), 정적의 기도(prayer of quiety), 일치의 기도(prayer of union), 순응일치의 기도(prayer of conforming union)와 변형일치의 기도(prayer of transform-ing union)로 구분한다. 이 두 번째 관상기도의 상태에 대해서 잘 설명하고 있는 것은, 십자가의 요한의 '어둔 밤'이다. 이 어둔 밤은 감성 및 영성의 수동적 밤을 소재로 한다.

관상은 특수한 지식의 형태다. 관상이 개인의 정감능력을 움직여 준다는 뜻으로 보면, 그것은 어떤 경험적 지식이다. 여기

---

49) 조던 오먼, 『영성신학』 이홍근 역, (경북: 분도출판사, 1987) p.379.

서 말하는 지식은 추리적(推理的)이 아닌 직관적(直觀的)인 것이다. 초자연적 또는 주부적 관상에 대한 모든 정의에 공통되는 본질적 특징은, 하나님에 대한 체험적 지식이라는 것이다. 이러한 관상은 하나님에 대한 열렬한 사랑에서 나오는 결과들 중 하나이다.[50]

그리고 무엇보다도 주부적 관상을 통한 신비체험은 서술 불가능하다. 신비체험은 직관적인 것이므로 직관적인 것에 의해 체험될 수가 있고 따라서 인간의 언어로 표현될 수가 없다. 그리고 관상기도 중 누리는 하나님에 대한 체험적 지식(직관)은 명확하거나 뚜렷하지 못하고, 모호하고 혼잡스러운 것이다.

하지만 교회의 오랜 전통에서 비움의 방식에 대해서 설명했던 것을 살펴볼 필요가 있다. 관상은 이렇게 직관적인 체험에 의해서 체득하는 것으로서 설명하는 것이 불가능하지만, 십자가의 요한의 '어둔 밤'의 가르침을 통해서 어느 정도 이해하는 것이 가능하다. 우선 정적의 기도(prayer of quiety)의 특성과 주부적 관상의 차이점을 살펴보면, 주부적 관상은 주로 '지성'(知性)에 영향을 미치고 이때 지성은 다른 기능으로부터 멀어지게 되며, 이보다 더 깊어진 정적의 기도의 두드러진 특징은 '의지'(意志)에 영향을 미치는 것이다. 이렇게 이성과 의지가 어두워(정화)졌다 해도 영혼이 하나님과의 일치 상태에 도달할 때까지는, 활동과 관상의 완전한 혼합은 성취되지 않는다.

---

50) Ibid. pp.382 - 383.

왜냐하면, 아직도 기억과 상상은 정화되지 않아서 자유롭게 작용할 수 있으므로 정적 기도(prayer of quiety)에서 쉽게 분심이 일어날 수가 있기 때문이다. 무엇보다 오먼은 이 단계(정적의 기도로 인한 의지의 정화)에 들어선 이가 경험한 신비 현상을 영성생활에 큰 진보한 증거로 보지 말고, 오히려 하나님 앞에 자신을 낮추고 하나님 앞에서 신비적 현상을 통한 위로를 얻으려고 기도하려 들지 말라고 강조한다. 그리고 영적 지도자(靈的指導者)는 언제나 덕행실천(德行實踐)의 필요성을 강조해야 하고, 이러한 신비현상을 그리 중요시하지 말아야 한다. 특별히 기도자가 신비현상에 크게 애착하거나 어떤 허영을 드러내기 시작한다는 것을 영적 지도자가 알 때 신비현상을 대수롭지 않게 여겨야 한다고 말한다. 왜냐하면, 이런 신비현상이 하나님으로부터 오는 경우에, 기도자는 대개 겸손을 지니게 되기 때문이다. 무엇보다 겸손은 참된 것과 거짓된 것을 판단하는 기준이 된다.[51]

이보다 하나님과 영혼이 깊은 사귐에 이른 단계는 일치의 기도(prayer of union)이다. 일치의 기도는 신비적 기도의 한 단계로서 여기서는 모든 내적 기능이 점차적으로 하나님으로서 사로잡히고 점유된다. 정적기도에서는 의지만이 사로잡히고 기능의 휴지(休止)에서는 지성이 역시 사로잡히게 된다(기억과 상상은 자유롭지만). 그런데 일치의 기도에서는 '기억', '상

---

51) Ibid. pp.390 – 393.

상'을 포함한 모든 내적 기능이 사로잡힌다. 오직 외적·신체적 감각만이 정화되지 않고 자유롭다. 기억과 상상은 대개 분심을 불러일으키는 기능들인데, 이것들이 하나님께만 집착하여 사로잡혀 있기 때문에 분심이 생길 수 없는 것이 두드러진 성격이다. 이 일치 기도(prayer of union) 단계의 영혼은 하나님을 찬미하고 싶은 나머지 즐겁게 죽고 또 죽고자 한다. 하나님 사랑 때문에 큰 시련을 겪고 싶어 하고, 고독을 심히 바라게 된다. 그 영혼은 모든 영혼이 하나님을 알기를 바라고, 또 하나님의 마음이 상하신 것을 보면 매우 슬퍼하는 감정이 강하게 된다.52)

순응일치의 기도(prayer of conforming union)에서는 하나님께서 '외적 감각'도 사로잡아 영혼이 전적으로 신화된다. 여기서는 하나님과 영혼의 사귐이 더욱 깊어진다. 이 단계의 영혼이 지니는 우세한 감징은 죽음을 그리워함과 더불어 하나님과 완전하고 충만한 일치를 동경하는 것이다. 영혼은 이제 죽어서 그리스도와 일치되고자 하던 바울 사도의 동경(빌1:23)과 데레사가 아이처럼 "나는 하나님을 뵈옵고 싶고, 그분을 뵈옵기 위해선 오직 죽어야 할 따름이다"라고 한 말을 되풀이하게 된다. 그리고 신비적 탈혼의 동인(動因)은 주님의 은사를 통해 활동하시는 성령이다. 또 최상급의 신비기도는 어떤 탈혼도 일으키지 않는다. 개인이 하나님의 비추심을 쉽게 받아들여 그것

---

52) Ibid. pp.393-398.

(삶-상처와 약점들)을 충분히 견딜 만한 힘이 생길 때, 최고도의 신비생활에서 볼 수 있는 경우처럼 모든 탈혼은 사라지게 된다.[53]

그리고 기도의 마지막 단계는 변형일치의 기도이다. 이 상태는 곧 하나님으로 변형이라 할 수 있다. 영혼이 변형되더라도 물론 그 존재는 본질상 하나님과는 전혀 다르다. 마치 창문이 그것을 비추는 빛살과 다른 것처럼, 영혼은 전처럼 그대로 영혼이다.[54] 이 단계의 영혼의 특성은 모든 일에 있어 하나님의 뜻이 이루어지길 바란다. 만일 하나님께서 고통을 주시면 매우 좋고, 만일 주시지 않으면 영혼은 그전처럼 근심하거나 초조해 하지도 않는다. 그들은 박해하는 자를 적대하지 않는다. 오히려 그런 사람들을 특별히 사랑하고, 만일 그들이 고통 중에 있으면 크게 슬퍼하고 힘껏 그들을 구해 주려고 한다. 영혼은 박해하는 사람들을 하나님께 맡기고 그가 하나님으로부터 받은 은혜를 적대자들에게 줄 수만 있다면 그것을 줌으로써 그들이 하나님의 뜻을 어기지 않도록 하고자 한다. 영혼은 이제 주께서 친히 그 안에 거처하심을 아는 만큼 그 어떤 위로도 바라지 않는다. 영혼은 마침내 모든 것을 떠나는 뚜렷한 초탈을 체험하고 혼자 있고 싶어 하며 오직 영혼에 도움이 되는 일에만

---

53) Ibid. pp.398-407.
54) 십자가의 요한, 『가르멜의 산길』 최민순 역, (서울: 바오로딸, 1971) p.118.

관여하고자 한다. 이런 상태에 도달하면 영혼은 탈혼이 없다. 있다 해도 매우 드물다. 탈혼의 원인이 되었던 큰 약점(아픔)은 이제 하나님이 주신 큰 힘이 된다. 영혼은 조심해서 행하고 하나님의 은총을 힘입어 자신을 강화하기 위해서 만사를 힘써 행한다.55)

이처럼 기도가 깊어지면서 우리의 영혼은 정화된다. 지성이 정화되고, 의지가 정화되며, 기억과 상상이 정화되고, 외적 감각도 성령에 사로잡혀 정화된다. 관상기도를 통한 영혼의 최고의 완덕(完德)은 내적 은혜나 탈혼이나 시현(示顯)이나 또 다른 예언의 영에 있는 것이 아니다. 그것은 우리의 의지를 하나님의 뜻에 순응시키어 하나님의 뜻이 무엇인가를 깨닫는 즉시 마음을 다해 그것을 행하기 바라고 하나님의 뜻이 무엇인지 앎으로써 고통과 즐거움을 잊는 것이나.56) 이처럼 비움의 방식을 통한 관상기도(Apophatic)는 지금 여기(Here & Now) 내 삶의 자리에 임재하시는 임마누엘 하나님의 자비의 힘을 통해서, 하나님의 나라를 이 땅위에 세워 가는 것을 지향한다. 이것이 관상기도(contemplative prayer)의 궁극적인 목적이다.

---

55) 조던 오먼, 『영성신학』 이홍근 역, (경북: 분도출판사, 1987) pp.407-411.
56) Ibid.

다. 관상기도의 필요성

거룩은 하나님의 속성이다. 교회가 사회에서 고립되는 이유
는, 교회에 사람의 일이 비워지지 않고 그로 인해서 교회에 '하
나님의 일'이 채워짐이 없기 때문이다. 교회에 거룩함이 없다는
것은, 교회에 '하나님의 현존'이 없다는 것이다. 교회에 요구되
(Apophatic way)는 관상기도(Contemplative prayer)의 중요성
을 토마스 머튼은 다음과 같이 말한다.

> 항상 종교는 관상에 대한 열성이 결여될 때 그 내적 견고
> 성과 초자연적 진리를 상실하게 된다. 진실로 종교가 한 생명
> 을 이루는 것은 기도생활의 관상과 침묵과 '공허'와 그리고
> 뚜렷이 쓸데없는 것같이 보이는 요소들 때문이다. 관상 없는
> 전례는 순전히 하나의 경건한 구경거리가 될 것이고, 모든 준
> (準)전례적 기도는 수다스러운 종알거림이 될 것이다. ……
> 모든 전례 예배에 있어 관상정신이 없다면―즉 그분이 하나
> 님이신 고로 모든 것 위에 하나님을 흠숭(欽崇)하고 사랑하
> 지 않는다면―그 전례는 그리스도의 사랑에 기초를 두고, 성
> 령의 능력 안에서 수행되는 참으로 그리스도적인 사도직을
> 양육하지 못할 것이다.
> 오늘날 그리스도인에게 있어 가장 중요한 요구는 관상정신
> 으로 키워진 내적 진실이다. 즉 하나님께 대한 찬미와 사랑,
> 그리스도의 내림을 위한 열망, 하나님의 영광, 그분의 진리,
> 그분의 정의, 현세 안에서의 그분의 왕국을 구축하려는 갈망
> 이다. 이러한 것이 '관상'의 특색이며, 그리스도인 마음 안의

종말론적 포부며, 수도자의 기도의 참본질이다. 이런 것이 없는 사도직은 하나님의 영광을 위해서라기보다 우리 자신의 영광을 위한 것이다.[57]

이처럼 진정한 신비주의자는, 진정한 사회 개혁자이다. 왜냐하면 '하나님의 일'은 '사람의 일'과 공존하는 것이 불가능하기 때문이다. 하지만, 교회의 영적지도가 그리스도인으로서 관상 정신으로 형성된 내적 진실이 없다면, 그것은 사람의 영광을 위한 것일 뿐이다. 그러면서도 하나님의 영광을 위한 것들이라고 말하는 자기기만(自己欺瞞)으로 채워진다면, 하나님의 정의와 하나님의 나라는 이 땅 위에 이루어지지 못할 것이다.

그러나 관상기도는 비움을 통해 내 안에 하나님의 자리를 넓혀 가는 것이다. 이처럼 교회 전통에 있는 관상기도가 필요한 이유는, 21세기 교회에 요구되는 영성을 충족시켜 줄 수 있는 탁월한 영성훈련방법이기 때문이다. 그리고 영성목회를 통해서 교회 정체성과 대사회적 공신력을 회복하는 거룩은 정화(淨化)와 조명(照明) 그리고 일치(一致)의 역동성을 지니고 있다.

1. 정화(淨化, via purgativa)

기도한다는 것은 말하고 있는 자기(self)에 대해 듣고 경청

---

57) 토마스 머튼, 『마음의 기도』 이영식 역, (서울: 성바오로 출판사, 1975) pp.183－187.

하는 것이다. 이것은 기본적이고 근본적인 우리의 근거이기 때문에 원초적이다. 이러한 기도는 세상에서의 탈출구가 아니라 입구이다. 우리는 기도할 때 얼마나 많은 부분에 있어서 세상이 우리와 함께하고, 우리가 세상과 함께하는가에 대해서 인식하게 된다. 기도는 우리가 이미 소유하고 있었는데 알지 못한 이미지, 즉 무의식의 이미지로 들어가는 문을 열어 준다. 기도는 기만이나 환상에서의 탈출이 아니다. 기도는 우리 내면에서 우리를 놀라게 하는 공포를 인식하도록 하며, 우리 안에 흐르는 원초적인 생명력을 깨닫도록 일깨워 주는 것이다. 우리는 원초적인 말이 행해지고 있는 기도 시간에, '자신에 관해서' 그리고 '자신에게' 정직해야 한다. 그렇지 않으면 스스로를 억압하게 된다. 기도가 우리가 믿는 대로 원초적 언어이며 우리 내면의 실제와 연결될 수 있는 가장 직접적인 통로라면 현실에 대한 부인이나 내면으로의 연결을 차단하는 현실에 대한 모든 부정적인 판단이나 후퇴는, 스스로를 작아지게 만드는 위험한 것이다. 그것은 일종의 존재하는 것에 대한 거부라고 할 수 있다.[58]

원초적인 언어의 발전 과정에서 시인하는 것만큼 중요한 경험은 거의 없다. 우리는 털어 놓아야 하고, 부인하는 것을 멈추어야 하며, 우리 몸에게 하듯이 윤리적인 종기, 규칙적으로

---

[58] 앤 & 배리 울라노프 공저, 『기도의 심리학』(Primary Speech), 박선규 역, (서울: 도서출판 은성, 2002) pp.13-20.

찾아오는 상처들 그리고 왜곡된 것들에 "예"라고 말해야 한다. 단지 그것들이 우리 안에 존재하고, 우리의 부분들이며, 부인될 수 없는 것임을 받아들이기만 하면 된다. 우리는 스스로에게 그리고 우리의 내면의 자아에게 원초적인 언어로 그러한 사항들—지나친 야망, 권력욕, 우리를 작게 만드는 우리 주위 사람들에 대한 적개심이나 음탕한 성욕—을 시인해야 한다. 우리는 경이로움 속에서 우리가 느낄 수 있는 감정의 강렬함을 인식해야 하며, 그 분노의 의미를 알아내기 위해 묵상해야 한다. 그렇게 할 때에야 비로소 우리는 우리 안에 일어나는 감정을 효과적으로 이용하기 시작할 수 있다. 그리고 환상 속에서 혹은 실제로든 우리 안에서 일어나는 여러 좋지 않은 감정들도 이와 같이 처리해야 한다. 그것들이 우리 삶의 일부분임을 인정해야 하며, 우리가 실제로 그러한 모습으로 존재하고 있음을 인정할 뿐 아니라, 그러한 모습을 외면하지 않고 기꺼이 바라보아야 한다. 수없이 마음속에 나타나는 이미지나 욕구나 감정은 마음 깊은 곳에 있는 실체가 우리에게 말할 수 있는 유일한 방법일지도 모른다. 하지만 듣기를 거절하는 것은 우리의 내면이 귀머거리임을 스스로에게 확인시키는 것과 같다. 거기에 있는 것을 보지 못하는 것, 또는 그것이 우리 속에 존재할 수 없을 만큼 더럽게 여겨서 외면하는 것은, 우리가 실제의 우리가 아니라 파괴적인 허구와 타협하는 것과 같다.[59]

---

59) Ibid. pp.20-22.

이럼에도 불구하고 우리가 기도할 수 있는 것에 대해서 앤과 배리 울라노프(Ann & Barry Ulanov)는 성령과 관련해서 다음과 같이 말한다.

> 하지만 하나님의 영은 우리의 이러한 육체 안에 거하신다. 육신의 모습으로 우리를 찾아오신 하나님은 이 세상을 경험하고 있는 우리의 육신 속에서 우리와 만나신다. 기도는 또한 이런 의미에서 원초적이라 할 수 있는데, 결국에는 하나님의 영이 기도 속에서 으뜸이 되신다. 마침내 하나님의 영이 우리의 기도 안으로 오시고, 우리의 예배와 우리의 문화 그리고 우리의 믿음을 둔 곳은 어느 곳에서든지 떠오르는 하나님의 이미지들과 같은 다른 모든 이미지들 사이에서 가장 중요한 것이다. 그리고 기도 속에서나 우리의 경험들을 다루는 다른 여러 방법들 속에서 우리는 스스로에게 정직해야 한다. …… 기쁨, 고통, 계속 따라다니는 의심, 자신에 대한 만족 혹은 불만족, 자신과 다른 사람들 사이에서 일어나는 어려움이나 기쁨들은 그대로 받아들여져야 한다.[60]

정화(원초적 언어)의 과정을 거치는 관상기도를 통해서, 자신을 대면한다는 것은 고통스러운 과정이다. 왜냐하면, 자신이 감추어 두고 묻어 두었던 과거의 슬픔과 어두움과 직면해야 하고, 그로 인해서 "벌거벗은 작은 자신"을 인정해야 하기 때문이다. 하지만 자신의 벌거벗음을 인정하고 거부하지 않을 때, 그

---

60) Ibid. pp.22－27.

러한 나를 아무런 조건 없이 있는 모습 그대로 안아주시는 하나님(holding environment)을 경험하게 된다. 이러한 관상기도를 통한 자비(慈悲)의 하나님 경험은, 더욱 자신의 벌거벗은 모습—과거의 어두움과 미래의 두려움—을 직면할 수 있는 용기와 힘을 부어 준다. 이렇게 기도는 하나님 경험을 통한 구원(salvation)으로 인도하는 돌파구이다.

구원을 위한 원초적 언어로서 기도는, 자기 폭로에서 내면의 소리를 듣는 작업이다. 또한 그것은 자유를 향한 필사의 외침이 된다. 하나님을 지향하는 기도의 여정이 개인으로 하여금 자신이 누구인가 묻도록 이끌어 줄 뿐만 아니라 자기 심혼의 의식과 무의식의 모든 과정에 관심을 갖도록 이끈다. 의식을 확장하고 자기 인식을 증진하는 일은 인간이 되기 위한 운명적인 과제요 소명이라는 말이다. 한 인간이 자신의 상황을 직시하고 거기에 맞서는 일은 치유와 의미의 원천을 발견하기 위한 속 들여다보기가 되는 것이다. 이런 절차는 감추어졌거나 잊혀졌거나 억압된 부분을 재통합하고 화해하여 통전적 자기(self)를 체험하는 올바른 처방이 된다. 이것을 신학적으로 표현하면, 이는 그럴 만한 가치가 없는 그래서 전혀 받아들일 수 없는 인간을, 그럼에도 불구하고 받아들이시는 하나님의 자비의 행위를 가리킨다.61)

---

61) 김원쟁, 『영성·목회·21세기: 기도의 심리학과 영성』 정원범 편,(서울: 한들출판사, 2006) p.156.

이렇게 관상기도의 첫 관문은 영혼 정화이다. 관상기도는 우리가 '하나님 일'에 대한 지식을 소유하고 그를 향한 강렬한 의지를 품고 있음에도 불구하고, 우리의 과거의 아픈 기억(記憶)과 미래에 대한 멸절과 상실 불안의 상상(想像)은, 우리가 '사람의 일'에 붙잡혀 있고 그것에서 벗어나지 못하는 영혼의 역동성을 설명해 준다. 관상기도의 더 높은 단계인 조명(照明)의 길로 가야 하는 필요성이 있는 것이다.

2. 조명(照明, via illuminativa)

기도는 두 번째 단계인 조명의 차원으로 진행된다. 사막 교부 아스니우스(St. Arsenius, 354－450)의 체험에서 언어를 지워 버린 침묵의 고독 속에서, 그가 만난 것은 고요한 마음의 평화 대신 밤바다의 격정과 공포라고 했다. 그 어둠이 끝날 무렵, 공포가 완화되고 긴장이 풀리면서 비로소 영적으로 밝아지는 체험이 오는데, 이것을 조명이라고 부른다. 이 시기의 특징은 합리화와 방어기제(defense mechanism)를 점점 포기함에 따라 전에는 알지 못했던 새로운 의식에 접하게 되는데, 이와 같은 생소함이 무질서로 경험되면서 폭풍 후의 아침과 같은 정신 상태를 가져온다. 이때는 마치 모든 것이 말끔히 씻기고 하늘은 맑고 구름과 햇빛으로 가득 차 있지만 여전히 길가에는 쓰러진 나무들과 끊어진 전깃줄이 어수선하게 널려 있는 풍경이 폭풍이 지나간 봄날의 아침과 같다. 그리고 이시기에 주어지는 과제는 합동기도, 통성기도, 열광하는 기도, 신앙 간증 집회와 같은 형태는 정화기 초기에는 유익했지만, 조명기에는 벗어나는 일이 필요하다. 영적으로 성숙되어 조명되는 순간부터 우리는 자신이 하나님의 사랑에 이끌리고 있다는 사실을 감지하기 시작한다. 길고 험난한 여정을 통과하여 조명기에 다다르면 기도 생활과 덕행을 북돋아 주는 감사와 경건, 열정을 동반한 힘이 자신의 내부에서 솟구치는 것을 경험한다.[62]

조명기는 틸리히의 개념으로는 자유의 증진이라는 현상으로 설명된다. 이 자유는 자신의 참존재와 연합하는 경험이다. 성령의 조명 아래 인간은 자신의 참존재 본질 자아와 화해하는 경험을 지속할 수 있는데, 이것은 해방의 역동이요 율법으로부터 개인을 자유하게 하는 것이며 내면의 확신과 방향감각을 따라 살도록 허용해 주는 것이다. 자유의 증진과 더불어 인간은 두려움과 강박 없이 행동할 수 있게 되고, 외부의 권위에 구애받지 않고 살아갈 힘을 얻는다. 성령이 그를 흘러넘치는 생명력에 연결시켜 은혜롭게 자기를 실현해 가도록 힘을 주시는 것이다. 조명기에 있는 이들은 이처럼 뜨거운 열정과 자유의 정신으로 사도직을 수행해 나가지만 때때로 정신적 피로와 실패감에서까지 자유로운 것은 아니다. 비록 하나님의 뜻을 수행한다는 투철한 사명감으로 모든 고난을 이겨 나가지만, 세속

---

62) Ibid. pp.160−161.

적 보상이나 주위 사람들의 격려와 지원을 바라는 욕구가 여전히 살아 있다.63) 이렇게 비움의 기도 방식(apophatic way)을 통한 어둔 밤은 정화되고 조명 받는 과정을 거친다. 이에 대해서 십자가의 요한은 다음과 같이 말한다.

> 이 밤과 감성 정화에서 하나님께서는 이러한 폭풍과 고생을 보내주신다. 다음 밤으로 옮아갈 사람들이(모든 사람이 다 옮아가지 않아도) 이렇게 얻어맞고 닦달질을 당해서 스스로 몸과 마음을 닦아 나가고 장차 받을 '지혜'와의 결합을 위하여 감각과 그 기능을 끊도록 하심이다. …… 그리고 지혜에 들어가기 위한 가장 효과 있는 닦달질은 여기서 말하는 마음고생이니 그 까닭은 이 마음고생만이 저 나약한 본성이 연연해하던 맛과 위로에서 가장 효과적으로 감성을 정화시키기 때문이고 영혼은 이에서 정말 낮추어져서 제대로 올라가게 되는 것이다.64)

하나님과 일치를 지향하는 관상기도는 하나님의 일을 통해서 하늘의 복(영원한 행복)을 맛볼 수 있도록, 사람의 일을 통한 땅의 복(일시적인 행복)의 맛에서 자유로워지는 조명의 시간을 보낸다. 철없는 어린아이 같은 영혼은 당장 눈에 보이는 사회에서 얻었다가 사회에 반환해야 하는 것에 침-흘림(욕동,

---

63) Ibid. pp.161 - 162.
64) 십자가의 성요한, 『어둔 밤』 최민순 역, (서울: 바오로딸, 1973) pp.76 - 78.

drive)하고, 나의 모든 영혼을 그곳에 올인(all-in)한다. 하지만 관상기도를 통한 영적 여정은 이런 연약한 영혼을 성숙시키기 위해, '사람의 일'을 통한 '땅의 일시적 행복'의 달콤함을 비워내는 성장의 시간이다.

이것은 오랜 기간이 걸리는 과정의 일들처럼, 드러냄과 변화는 매우 점진적으로 일어난다. 우리는 찬사와 끊임없는 좋은 평가를 듣고자 하는 욕구가 우리의 일과 관계의 중요한 주제이며, 무엇보다도 우리는 자신의 약점들과 죄악들을 숨기기를 원했다는 것을 볼 수 있을지도 모른다. 하지만 사랑은 자기 자신에 대한 좋은 평판을 얻기 위해서가 아니라, 상대를 위하고 그에게로 향하는 것이다. 그러한 사랑은 실망을 이겨내면서 계속 행해진다. 그러한 사랑은 사랑 자체가 삶의 중심이 되면서 더욱 풍성해지기를 고집한다. 더 이상 변명과 부인을 하지 않으며(정화), 인간들의 정체성에 대한 확증(조명)을 통하여 변형을 일으키는 하나님과 일치를 지향한다.[65] 조명기의 빛이 서서히 사라지기 전에, 마르지 않는 성령의 능력으로 나와 이웃을 사랑한 것이 아니라, 내 과거 상처로 인한 어두운 기억과 미래에 대한 멸절과 상실 불안의 상상에서 나온 에너지(個人的 同情)로 버텨 온 자신의 탈진된 삶을, 관상기도를 통해 바라보고 자신의 그러한 삶을 끌어안아야 한다. 이러한 삶의 과

---

65) 앤 & 배리 율라노프 공저, 『기도의 심리학』(Primary Speech), 박선규 역, (서울: 도서출판 은성, 2002) pp.173-20.

정은 다음 단계의 영적 여정인, 일치의 영성으로 돌입할 때까지 계속될 필요성이 있다.

3. 일치(一致, via unitiva)[66]의 영성

기도의 가장 중요한 목적은 하나님과의 일치이다. 기도가 어떻게든 하나님께 더 가까이 다가가도록 돕지 못한다면 기도는 의미가 없다. 기도하기 위해 마련한 시간, 기도할 때 하는 말, 기도하려는 노력, 사랑하는 주님 현존 앞에 고요히 자신을 내어 드리는 일 모두가, 우리 실존의 가장 중요한 목적인 하나님과의 일치를 지향한다. 일치에 사용하는 기도는 주로 관상기도 (Contemplative prayer)이다. 생각과 말들을 멈추고 언제나 우리 앞에 현존하시는 하나님께 고요히 나아가는 연습을 하는 것이다. 멋진 자연 경관에 반해서 자신을 잊어버리고 시간 가는 줄도 모를 때가 있다. 관상기도도 그렇게 하나님께 몰입(沒 入)하는 것이다. 기도 중 점점 더 자신을 잊고 관상의 대상이 무엇이든지 믿음을 통하여 하나님과 그분의 현존에 더욱더 주의를 집중하는 것이다. 말의 도움은 더 이상 필요하지 않다.[67]

---

66) 교회 전통에서는 영성의 단계를 일반적으로, 정화의 길(초심자, principiantes)과 조명의 길(진보자, progredientes)과 일치의 길 (완성자, perfectos)로 나눈다. 그중에서도 신비체험인 일치(union & unity)에 대해서 철학과 신학은 다른 입장을 보이면서도 상호 보완적인 태도를 취한다. 스마트(Ninian Smart)는 '순수의식'의

앤소니 드 멜로는 비움의 관상기도의 필요성에 대해 아빌라의
데레사의 말을 빌려서 이렇게 말을 한다.

> 나는 여러분이 순수한 관상을 좋아해서, 다른 모든 기도들,
> 즉 말과 이미지와 개념을 사용해서, 하나님과 대화하기를 포기
> 하지 않기 바랍니다. 묵상과 기도를 할 때가 있고, 관상을 할
> 때가 있는 법입니다. …… 기도를 하는 시간에도 생각하는 양
> 을 줄이고 좀 더 마음으로 기도하도록 조금씩 노력하십시오.
> 아빌라의 데레사는 이렇게 말했습니다. "중요한 것은 많이 생
> 각하는 것이 아니라 많이 사랑하는 것이다." 그러므로 여러분
> 은 기도할 때에 많이 사랑하도록 하십시오.[68]

상태에서 인간의 '순수종교체험'은 가능한 것이고, 다만, '체험'을
표현하는 과정에서 해석학적 제약이 체험가의 종교 – 문화적, 사
회 – 역사적 배경에 따라 덧입혀진다는 입장을 보인다. 반면, 스티
븐 카츠(Steven T. Katz)는 모든 신비체험은 동일하지 않으며,
해석뿐 아니라 신비체험 자체가 '컨텍스츄얼'(contextual)하다. 신
비체험을 포함한 모든 인간경험은 '해석적 틀'(interpretative
framework) 없이는 경험 자체가 불가능하므로 신비체험가의 문
화적, 역사적 실존의 자기해석의 틀(개념, 신념, 상징체계, 언어,
세계관 등)은 신비체험 그 자체의 성격과 체험 내용의 선별에도
영향을 끼친다고 반론을 편다. 하지만, 본 연구의 내용은 Union과
Unity를 구별하기보다는 관상기도를 통해서 '사람의 눈'을 넘어
서, '하나님의 눈'을 갖게 되는 것에 중점을 둔다.

67) 김원쟁, 『영성 · 목회 · 21세기: 기도의 심리학과 영성』 정원범
편, (서울: 한들출판사, 2006) p.163.

68) 앤소니 드 멜로, 『하느님께 나아가는 길』 이미림 역, (서울: 성
바오로, 1986) pp.62 – 64.

이처럼 관상기도는 생각하는 것이 아니라, 사랑하는 것이다. 그것은 부모님이 먼저 나를 향해 베풀어 준 조건 없는 사랑 때문에 내가 부모님을 향해 사랑을 고백할 수 있는 것처럼, 우리가 하나님께 기도할 수 있고 하나님을 사랑할 수 있는 이유는, 하나님께서 먼저 우리를 향해 베풀어 주신 조건 없는 사랑 (慈悲) 때문이다. 그 사랑은 하나님을 위해서 나(어두움과 두려움까지)를 사랑하는 용기와 힘(根底, grund)이 된다.

이렇게 일치의 기도는 무엇보다 하나님 생각에 주의를 집중하면서 하나님과의 관계가 깊어지는 은혜를 체험케 하는 기도이다. 하나님은 일치의 기도를 통해 당신의 자녀들을 자신의 역사에 동반자로 참여하도록 초대하신다. 일치의 기도는 신자로 하여금 하나님이 관심하는 것을 관심하게 하고, 하나님이 가시는 곳을 가게 하고, 하나님이 침묵하실 때 침묵한다. 하나님과 이와 같은 친교는 사람으로 하여금 자기 은둔에서 벗어나게 해 주는 사랑의 접촉이다. 폴 틸리히(Paul Tillich)가 말한 바와 같이, 하나님과의 관계성은 고독, 적대감, 자기 비하와 같은 인격 분열에서 통합으로 변화시키고, 성령의 영향 아래서 자기 수용이라는 초월을 경험하게 된다. 이 관계성의 증진이야말로 "받을 수 없는 자를 받으시는" 하나님의 행위(慈悲)를 통하여, 보다 더 깊은 자기-수용(包容)에로 인간을 이끌어 가는 동인(動因)이 되는 것이다.

이와 같은 새로운 현실은 화해와 재결합을 인간 경험 속으로 가져오고, 여기서 인간은 존재에의 용기를 체득하게 된다. 이 용기는 온갖 생의 부정성에도 불구하고 자기-확신의 깨달음에 이르게 하여 다른 모든 관계로 사랑의 접촉을 확산시킨다. 일치기도는 폴 틸리히가 말하는 초월의 단계이기도 하다. 하나님과의 일치는 자기 통합의 경험과도 연결된다. 이 통합에서 인간은 비로소 신앙도, 사랑도 가능해진다. 이와 같이 '자기 통합'은 지혜의 원천이고 우리 삶의 방향과 의미를 제공한다. 그러므로 틸리히에게 초월은 곧 신앙을 뜻한다. 신앙은 궁극적인 관심에 사로잡힌 상태이다. 따라서 '신앙'은 전 인격의 총체적인 행위요, 삶의 동기가 철저히 변화된다는 것을 의미한다.[69]

이처럼 관상기도는 영적 지도자들에게 필수적인 것이다. 왜냐하면 관상기도를 통해서 영혼이 정화되고 자신의 생각과 의지와 뜻이 하나님과 일치되면서 행동이 변화되는 것이다. 이런 하나님과의 일치는 자신의 의식과 무의식의 통합-경험으로 연결된다. 하나님의 무한한 자비로 인해서, 나의 실존을 존중하고 수용하는 경험은 영적 지도자로서 하나님의 사랑을 이웃에게 실현할 수 있는 동인(動因, 根底, grund)이 된다.

---

69) 김원쟁, 『영성·목회·21세기: 기도의 심리학과 영성』 정원범 편, (서울: 한들출판사, 2006) pp.164-165.

Ⅲ. 위니캇의 대상관계 이론 이해

심리학은 "신학의 새로운 시녀"이다. 아담과 이브의 원죄 교리는 어떻게 해서 인간 속성에 질병이 만연하게 되었는가에 대해서 신학자들이 설명하려 애쓴 결과이다. 심리학에서는 이러한 질병이 만연하게 된 것에 대해 비슷한 결론을 명확히 내리고 있다. 현대 심리학의 위대한 공로 중 하나는, 우리들이 경험하는 인간 조건(원죄와 그 결과)들의 성격과 원인에 관하여 정확하게 설명해 준다는 데 있다. 프로이트가 약 100년 전에 발견한 무의식은 영적 여정에 엄청난 의미를 부여하고 있다. 더욱 최근에 나온 결손 가정과의 상호 의존에 관한 학설늘은, 우리들이 교리에서 배웠던 원죄의 결과와 육체적 죄의 교리가 가르치는 것보다, 인간 조건에 대한 진단을 더 자세히 제공하고 있다. 과학과 심리학의 응용으로 인간 행동 동기의 역사(役事, public works)에 관하여 이전에 이해해 왔고 그리하여 도덕적 판단의 기본이었던 것들을 더욱 강화시켜 주었다. 심리학은 계시에 관한 신학적 사색을 통하여 그리고 관상기도를 통하여 얻어 온 이전의 성찰들에 대해 새로운 타당성을 부여한다.70)

현대 심리학 가운데 관상기도를 이해하는 데 도움을 주는 분야는, 대상관계 이론이다. 그중에서 도널드 위니캇(D. W. Winnicot, 1896－1971)의 안아주는 환경(holding environment)과 충분히 좋은 어머니(good－enough mother)와 일차적 모성 몰두(primary maternal preoccupation) 그리고 중간대상과 중간현상, 내재화와 대상항상성 등 다양한 발달 과제는 관상기도를 실천하고 설명하는 데 유용한 이론이다. 이 장에서는 위니캇의 발달 이론과 발달 정지에 따른 병리와 치료 이론을 유아와 어머니 각각의 입장에서 살펴보려 한다. 그중에서도 성숙과정과 촉진적인 환경을 형성하는 '안아주는 환경'(holding environment)의 의미와 목표에 중심을 두고 살펴보고자 한다.

가. 발달이론

1. 절대적 의존기(0－6개월)

위니캇은 절대적 의존기의 측면들을 강조한다. 왜냐하면 이 시기 돌봄의 환경이 원시적 정신병리의 신비를 푸는 단서들을 제공한다고 간주하기 때문이다. 그리고 이 단계의 유아는 3가

---

70) 토머스 키딩, 『관상기도를 통해 하느님께 나아가는 길』 엄무광 역, (서울: 가톨릭출판사, 1999) pp.40－41.

지 발달과제를 성취해야 한다. 첫 번째 결정적 발달 과제는 '통합'의 성취이다. 이 단계에서 감정, 욕구 그리고 긴장 상태들이 하나의 전체에 속한 것으로 경험되지 않는 것처럼, 경험 또한 통합되어 있지 않다. 두 번째 결정적 발달 과제는 '인격화'의 성취이다. 이 시기의 유아는 자신을 인격적으로 경험할 수 없는데, 그것은 그가 아직 '나 아닌 것'으로부터 '나'를 구분할 수 없기 때문이다. 절대적 의존단계의 세 번째 발달과제는 '현실감'을 점진적으로 발달시키는 것이다. 유아는 좌절을 겪을 때마다 약간의 현실을 경험하며, 따라서 그의 '전능성'은 구멍이 뚫리게 된다. 환경적 실패로 인해 '현실에 대한 인식'(realization)이 가능해지기 때문에, 적응의 실패는 적응의 성공만큼이나 유아의 현실감 발달에 결정적인 중요성을 갖는다. 환경의 적절한 적응의 실패는 유아에게 감당할 수 있을 정도의 현실을 제공한다. 결국 유아 돌봄의 주된 특징은 유아에게 세상을 '일관성' 있게 제시하는 것이다. 환경은 멸절 불안을 막아주고 유아가 감당할 수 있는 작은 양의 현실만 경험할 수 있도록 '거의 완벽한' 적응을 제공해 주어야 한다.[71]

어머니가 유아에게 제공하는 모성적 기능은 '대상 어머니'(object mother)와 '환경 어머니'(environmental mother)로 구분된다. 대상 어머니는 배고픔을 해결해 주고, 안아주고, 기

---

71) 프랭크 써머즈, 『대상관계 이론과 정신병리학』 이재훈 역, (서울: 한국심리치료연구소, 2004) pp.205 - 207.

저귀를 갈아주는 것을 통해서 아이의 본능적 욕구를 충족시켜 준다. 그러나 대상 어머니만으로는 충분하지 않다. 유아는 아주 초기부터 '자아 욕구'(ego needs)를 가지고 있는데, 이것은 대상 어머니에 의해 충족되지 않고 환경어머니에 의해 충족된다. 예컨대, 유아는 온도와 습도가 적절한 공기와, 적절한 자극을 주는 소음과, 압도적이지 않으면서 흥미를 불러일으키는 시각적 자극들을 필요로 한다. 그리고 가장 중요한 것은 환경이 정서적 성장을 방해하는 '침범'(impingement)으로부터 비교적 자유로워야 한다. 위니캇은 이 절대적 의존단계의 일차적 발달 과제들─현실에 대한 인식 능력의 형성, 인격화(personalization) 그리고 통합─은 모두 자아 욕구들과 관련되어 있다고 보았다. 그는 자아 욕구들이 적절히 충족되지 못한 채, 배고픔 같은 '본능적' 욕구들이 충족될 수 있지만, 이러한 '본능적' 욕구의 충족은 성장으로 인도하지 않는다고 지적했다. 자아 욕구들이 충족되는 한에서만, 본능적 욕구의 충족은 인격의 성장을 촉진시킬 수 있다. 따라서 자아 욕구들은, 본능적 욕구들보다 먼저 충족되어야 한다. 절대적 의존 단계에서 환경 어머니의 역할에 대한 위니캇의 포괄적인 용어는 '안아주기'이다. 여기서 '안아주기'란 용어는 유아를 신체적으로 안아주는 것뿐만 아니라, 전체적인 환경 제공을 의미한다. 충분히 좋은 어머니는 유아의 욕구와 정서 상태를 잘 안아주는데, 그런 어머니란 어떤 긴장 상태가 발생하더라도 아이를 공감적으로 담아 주는 어머니를 말한다. 이 단계에서 어머니는 유아가 멸절 불안에 노출되지 않도록 그의 불안을 충분히 '안 아주고' 또한 유아의 욕구를 충분히 만족시켜 주어야 한다. 그리고 유아를 침범으로부터 보호해 주어야 한다.72) 이 점에 대해서 위니캇은 다음과 같이 말한다.

> 안아주는 환경이 있는 곳에서, '타고난 잠재력'은 '존재의 연속성'이 되어 간다. 유아가 존재할 수 없을 경우, 거기에는 반동(reacting)이 있게 되며 그 반동은 존재를 방해하고 자기를 멸절시킨다. 여기에서는 존재와 자기멸절 중의 하나를 선택할 수밖에 없다. 따라서 안아주는 환경이 하는 주된 기능은 침범을 최소한으로 줄이는 것이다. 침범은 유아로 하여금 결과적으로 개인적인 존재의 멸절을 자극하는 요소이다. 좀 더 나은 상황에서, 유아는 존재의 연속성을 확립하고, 침범을 전능감의 영역으로 끌어 모을 수 있는 심리적 능력을 발달시키기 시작한다.73)

이렇게 심리적 능력을 발달시키기 위한, 위니캇의 핵심적 이론인 안아주는 환경(holding environment)은 '일관성 있는 태도'의 구체적 모습이다. 안아주는 환경은 대상-어머니를 통한 본능적 욕구 충족을 통해서는 얻지 못하는 것을 제공한다. 즉

---

72) Ibid. pp.211-213.
73) 도널드 위니캇, 『성숙과정과 촉진적 환경』 이재훈 역, (서울: 한국심리치료연구소, 2000) p.66.

현실에 대한 인식능력의 형성과 인격화 그리고 통합을 이끌어
내는, 자아 욕구(ego needs)의 만족은 환경 – 어머니를 통해서
가능하다. 이런 안아주는 환경을 제공하는 환경 어머니의 일관
성 있는 태도는 긴장 상태에서 침범을 막아준다. 또한 어쩔 수
없는 환경의 실패는 유아에게 현실감을 제공하는 '최적의 좌
절'을 경험하게 한다. 그리고 안아주는 환경을 통한 일관성 있
는 태도는 유아의 공격성을 받아주게 된다.

파괴적 공격을 안아주고 보복하지 않을 수 있는 어머니의
능력은, 유아가 현실을 지각하고 대상을 '나 아닌 것'으로 보
며, 더욱 성장하기 위해 타인들을 분리된 대상으로 사용할 수
있는 능력을 발달시키는 데 있어 결정적으로 중요한 요소이다.
절대적 의존 단계의 발달에서 환경이 맡은 기능을 충분히 잘
수행한다면, 즉 침범을 막아주고, 유아의 좌절들을 감싸줌으로
써 멸절 불안으로부터 유아를 지켜주고, 공격성을 '견뎌주고',
유아의 자아 욕구와 원본능 욕구를 충족시켜 준다면, 유아는
연속성의 감각을 경험하기 시작할 것이고, 통합, 인격화 그리
고 현실 인식에 대한 감각을 발달시킬 것이다. 어쩔 수 없이
만나게 되는 환경의 실패는 아이에게 어느 정도 현실을 직면
하도록 강요한다. 그러나 아이가 자신의 욕구를 즐거운 것이라
고 느낄 정도로 안아주기가 '좋다면', 이런 짧은 현실 인식의
순간은 유아의 전능성을 깨뜨리지 않는다.[74]

---

74) 프랭크 써머즈, 『대상관계 이론과 정신병리학』 이재훈 역, (서

2. 상대적 의존기(6개월 – 전오이디푸스기)

이 단계는 다양한 발달과제들을 갖는다. '중간 현상 경험'과 '통합된 시간감각'과 '자아 관계성'과 '내재화'가 형성되며, '공격성'과 그로 인한 '죄책감'을 경험하게 된다.

절대적 의존기에서 유아는 자신을 공격자에 의한 무기력한 희생자로 경험한다. 그러나 상대적 의존기에서 유아는 자신을 공격적 행위의 주체로 경험한다. 이 단계의 성공적인 성취는 책임감과 죄책감의 능력을 가져오며, 공격성에 대한 과도한 불안으로부터의 자유를 가져온다. 행위자라는 감각과 그에 따른 책임감은 처음으로 삶의 사건을 통제할 수 있는 적극적인 자기감으로 발달해 간다. 모든 발달과제가 성취된다면, 상대적 의존기의 마지막 부분에서 아이는 지속성을 지닌 통합된 자기감을 갖게 되고, 타자와 자신을 구별할 수 있게 된다.[75]

상대적 의존 단계는 절대적 의존 단계의 전능성이 붕괴되고, 현실을 수용하고, 전체 대상을 향한 양가감정을 받아들이게 되는 장기간의 발달 과정을 포함한다. 이 단계의 첫 번째 발달과제는, 유아가 자신이 어머니와 분리된 존재임을 인식하는 것에 대한 불안, 즉 자신이 스스로 욕구를 충족시킬 수 없다는 인식을 감당하는 것이다. 이런 불안을 감당하고 현실 원리를

울: 한국심리치료연구소, 2004) p.214.
75) Ibid. p.224.

받아들이기 위해 유아는 위니캇이 중간현상(중간대상을 만들어내는 현상을 포함하는)이라고 부른 새로운 경험을 이용한다. 모든 중간현상의 본질적인 의미는 그것이 절대적 의존기의 전능적인 환상 세계와 상대적 의존기의 현실 세계 사이를 연결시켜 주는 매개물로서 기능한다는 것이다. 중간대상은 상실에 대한 반응이다. 중간대상은 의존과 분리에 대한 인식에서 야기된 분리불안과 낯선 이의 불안을 완화시켜 준다. 이런 경험이 비록 고통스러운 것이긴 하지만, 그것은 발달적 진전을 나타낸다. 유아는 멸절 불안에서, 대상 상실에 대한 불안으로 옮겨 갔음을 가리킨다. 중간대상의 역설은 그것이 현실적이지도 망상적이지도 않다는 것이다. 그것은 환상적(illusory)이며, 현실과 무의식적 환상(fantasy) 사이에 있는 경험의 중간영역이다. 위니캇에 따르면 중간대상은 환각세계로 들어가는 관문이며, 아동으로 하여금 '놀이-세계'로 들어갈 수 있도록 준비시켜 준다. 위니캇은 심미적 경험(aesthetic experience)뿐만 아니라 아이와 성인의 모든 창조성이 중간현상에 속한 것이며, 이러한 경험의 중간영역은 건강한 삶의 영역들이기도 한 성인의 창조적이고 문화적 삶 속에서 계속된다고 믿었다.[76]

이 시기의 새로운 발달들 중에서 가장 중요한 것은 '통합된 시간감각'(temporal integration)을 갖게 된다는 것이다. 이러한

---

76) Ibid. pp.216-219.

계속성의 감각은 초기 자기감(sense of self)으로 인도한다. 이 경험들이 하나의 단위에 속해 있는 것으로 느껴지는 것과 동시에 '인격화'(personalization)의 감각이 발달하기 시작한다. 이제 시간의 통합과 함께, 유아는 경험을 하나의 접촉으로부터 다음 접촉으로 '전달'할 수 있게 된다. 일단 어머니가 신체적으로 현존하지 않더라도 어머니에 대한 일관성 있는 감각을 유지할 수 있게 되면, 아이와 어머니 사이에는 '자아 관계'(ego-relatedness)가 생겨난다. 이러한 관계 방식으로부터 대상이 내재화되고 관계가 형성된다. 위니캇에 따르면, 유아는 이제 신체접촉이 아니라, 타인에 대한 심리적 인식에 기초해서 관계를 맺는다. 자아 관계의 다른 측면은 자아 조직의 발달이다. "최초의 자아조직은 유아가 멸절의 위협을 겪지만 실제로 그 위협에 압도되지 않고 그 상태로부터 반복해서 회복될 때 생겨난다. 그런 경험에서 생겨나는 회복의 확신은 좌절을 나눌 수 있는 자아의 능력으로 변형된다." 그런 자아 관계의 능력을 발달시키기 위해서, 유아는 홀로 있는 법을 배워야 한다. 처음에 유아는 어머니가 현존하는 상태에서 홀로 있을 수 있어야 한다. 어머니가 곁에 있는 상태에서 홀로 있을 수 있을 때, 유아는 신체적 접촉이나 욕구의 만족 없이도 관계를 경험한다. 일단 어머니가 내재화되면 유아는 어머니 없이도 홀로 있을 수 있다. 자아 관계성과 내재화는 서로를 암시하고 촉진시킨다. 그리고 그것들이 발달하면서 인격의 시간적 통합이 강화된다.[77]

통합된 시간 감각의 발달과 함께 아이는 경험들을 연결시키기 시작하고, 자신이 흥분한 상태에서 '파괴하는' '대상 어머니'가, 평온한 상태에서 '사랑하는' '환경 어머니'와 동일한 사람임을 지각하기 시작한다. 위니캇은 죄책감은 대상 통합의 경험과 함께 시작된다고 보았다. 그에 따르면 자신이 사랑하고 의존하는 사람을 증오하고 그에게 분노했다는 사실에 대한 아이의 인식은, 자신이 대상에게 손상을 입혔다는 불안을 낳고, 이런 불안은 불가피하게 죄책감을 야기한다. 하지만 위니캇은 클라인과는 달리, 죄책감의 발달과 변천은 아이의 공격성에 대한 환경의 반응에 따라, 타인에 대한 건강한 관심으로 인도할 수도 있고 우울 불안으로 인도할 수도 있다고 보았다. 이때 유아에게 필요한 핵심적 경험은, 그가 자신의 공격성으로 인해 어머니가 손상되거나 파괴되지 않았음을 인식하는 것이다. 어머니가 공격성을 살아남고 수용해 준다는 것을 알게 될 때, 유아는 자신의 공격성이 지닌 가치를 믿을 수 있고, 그때에 그것은 '성애적 충동'(erotic impulse)과 연결될 수 있다. 유아는 공격성을 파괴와 연결시키는 대신, 모성적 대상에 대한 애정과 연결시킨다. 즉 "만족 추구와 대상 추구를 포함하는 성애적 측면과, 근육 성애를 사용하는 분노와 증오를 포함하는 공격성 측면을 연결시킨다. 아이는 이제 손상되거나 파괴되는 것에 대한 두려움 없이, 동일한 어머니에 대한 사랑과 증오를 그리고 궁

____

77) Ibid. pp.219-221.

정적인 느낌과 부정적인 느낌을 경험할 수 있다. 위니캇의 견해에서, 전체 대상을 향한 양가감정의 경험은 가족과 공동체에 공헌하고자 하는 욕망의 원천이다. 양가감정이 성숙되고 세련됨으로써 대상에게 관심을 가질 수 있는 능력이 출현한다. 발달의 이 지점에 도달한 아이는 오이디푸스기로 들어가는 데 필요한 양가감정의 능력을 갖는다.[78]

어머니의 '실패'는 '아이에게 현실을 가져다주는' 결정적인 요소이다. 어머니는 유아가 자신에게서 멀어지는 움직임에 맞춰 유아에 대한 몰두에서 벗어나야 한다. 절대적 의존기 동안에 어머니는 유아를 '안아주기' 위해 거의 완벽한 적응을 제공해야 한다. 그러나 상대적 의존기 동안에 어머니는 아이와 '함께 살기' 위해 차츰 아이에 대한 몰두에서 벗어나야 한다. 위니캇에 따르면, 이 시기 동안에 어머니의 일차적 과제들 중 하나는, 아이가 의사를 표현하도록 허용해 수고 그 표현에 반응해 주는 것이다. 어머니는 이제 공감보다는 의사표현에 대한 이해를 통해서 더 많이 반응한다. 절대적 의존단계에서 적응해 주지 못하는 무능력이 침범이었던 것과 달리, 이 상대적 의존 단계에서는 어머니의 완벽에 가까운 적응들이 오히려 침범이 된다. 만일 아이의 정서적 발달이 자연스러운 성장에서 빗나가고, 발달이 환경의 침범에 대한 반응으로 이루어진다면, 아이는 심리적 장애를 갖게 될 것이다. 그러한 침범과 그것에 대한

---

78) Ibid. pp.222-224.

아이의 반응은 전(前) 오이디푸스적 정신병리로 인도한다.[79]

3. 독립을 향해 가는 단계(오이디푸스기)

일단 아이가 자기감각을 통합하고 전체 대상을 내재화하면, 아이는 이제 위니캇이 '독립을 향해 가는 단계'라고 부른 시기로 진입할 채비를 마치게 된다. 이 시기는 발달의 오이디푸스 시기와 겹친다. 위니캇은 고전적 이론에서처럼 부모를 향한 그리고 그들의 관계를 향한 양가감정의 해결이 오이디푸스기의 핵심적인 문제라고 보았다. 위니캇은 아이의 발달된 자기와 양가감정을 경험할 수 있는 능력이 바로 아이로 하여금 '각각 부모 대상과 함께 사는' 상태에서 '부모와 아이, 세 사람 모두 함께 사는' 상태로 옮겨 가도록 허용하는 요소라고 믿었다. 아이는 이제 타인들과 함께 관계 망을 구성할 수 있게 되며, 가족이나 다른 단위의 일원으로서 타인들과 관계할 수 있게 된다. 이 시기에 어머니는 보다 독립적인 삶을 향해 나아가야 한다. 어머니는 이제 자신의 에너지를 보다 집중적으로 아버지와의 관계에 재투자할 수 있고, 직장으로 돌아갈 수도 있고, 다른 아이들을 가질 수도 있으며, 새로운 일을 시작하거나 예전에 하던 다른 활동들에 다시 참여할 수도 있다.[80]

---

79) Ibid. pp.224 – 226.
80) Ibid. pp.226 – 227.

나. 정신병리와 치료

정신병리에 대한 위니캇의 견해는 그의 발달이론의 틀과 아주 밀접하게 연결되어 있다. 위니캇의 견해에서, 모든 정신병리는 환경이 충분히 촉진적이지 못하기 때문에 발생한 것이다. 촉진적이지 못한 환경은 유아를 침범하게 되고, 그런 침범에 대한 반응으로 유아의 성숙과정이 정지되는데, 그것이 곧 정신병리이다. 절대적 의존기에 발생하는 침범은 심리구조의 근간을 손상시키기 때문에 매우 심각한 형태의 정서장애를 초래하며, 상대적 의존기에 발생하는 침범은 성격병리를 그리고 오이디푸스기에 발생하는 침범은 신경증을 초래하는 경향이 있다.[81]

1. 절대적 의존기와 정신병리 치료

절대적 의존 단계에서 유래하는 모든 형태의 정신병리는 '절대-박탈'에 의한 것이다. 위니캇은 절대적 의존기에 발생한 침범을 욕구가 처음부터 충족되지 못했다는 점에서 '절대-박탈'(privation)이라고 불렀다. 이와 대조적으로 주어졌던 것을 다시 빼앗는 것을 의미하는 '박탈'(deprivation)은 상대적 의존기에 해당되는 것이다. 절대적 의존기 동안 환경 어머니에 대

---

81) Ibid. p.228.

한 욕구와 대상 어머니에 대한 욕구가 '충분히 좋은' 것으로 경험되지 않는다면, 아이는 '존재의 연속성'(going on being)을 경험할 수 없다. 그리고 그의 전능환상은 때 이르게 현실에 의해서 공격받는다. 이런 조숙한 인식은 통합, 인격화 그리고 현실인식 능력의 발달을 저해한다. 자기와 타자의 차이에 대한 조숙한 인식들은 멸절 불안, 즉 '상상을 초월하는 공포' 또는 끝없이 떨어지는 것 같은 공포를 낳는다. "모성 실패는 침범에 반응하게 만들고, 이런 반응은 유아의 '존재의 연속성'을 방해한다. 이런 반응들이 과도해지면 좌절이 아니라 멸절 위협이 생겨나는 것이다." 이때 유아가 사용할 수 있는 유일한 방어는 전능환상이다. 이에 따른 문제는 전능환상들이 현실을 받아들이기 위해서 차츰 포기되지 못한다는 데에 있다. 유아적 전능성 (infantile omnipotence)에 의한 현실 왜곡이 정신증을 발달시키는 기원이라는 것이 위니캇의 기본적인 생각이다. 전능 방어에 고착된 자아는 통합을 성취할 수 없으며, 실제로 정신 에너지가 전능방어를 통해 자신을 보호하는 데에 집중되기 때문에 모든 발달적 과제가 손상을 입는다. 다시 말해서, '정신 에너지가 인격의 핵이 아니라, 껍질에 집중되는' 일이 발생한다. 아이는 현실에서 더 멀어지고, 정신증 발병에 한걸음 더 가까워진다. 전능 방어가 예외 없이 정신증 인격 조직으로 인도하는 것은 아니다. 그것은 침범의 심각성에 달려 있다. 자기가 전혀 통합되어 있지 않다면, 정신증이 발생할 가능성이 크다. 그러나 자기가 어느 정도 통합되어 있다면, 그 개인은 안정된 전능 방어를 형성하는 것을 통해 현실과 갈등을 빚으며 살아가면서도 완전히 정신증 환자가 되지는 않을 것이다. '경계선 인격장애'와 '자기애적 인격장애'는, 위니캇의 '전능방어' 수준에서 발달이 정지된, 즉 절대적 의존기에 발생한 외상(trauma) 개념에 잘 들어맞는다.[82]

위니캇의 심리치료 개념은 전통적인 견해와 다르다. 그가 생각하는 심리치료란 '명확한' 해석을 제공하는 것이라는 전통적인 견해를 포기하고, '환자의 충족되지 않은 욕구들을 채워주는 것'이라는 견해를 갖게 되었다. 치료자의 역할은 각 환자의 발달이 정지된 시점을 평가하고, 그 정지된 욕구에 적응해 주는 것이다. 그리고 그러한 욕구에 관해 언어로 표현하는 것이 적응의 한 가지 방법일 수 있으나, 전오이디푸스적 장애일 경우 언어는 종종 그 과제에 적합하지 않다. 위니캇에 따르면 치료과정의 열쇠는, 환자가 분석가에게 기꺼이 '자신을 맡기는 것', 즉 절대적 의존을 수용하는 것이다. 그래야만 환자는 진정한 자기감을 형성할 수 있다. 분석가는 절대적 의존 상태와 멸절 불안의 상태로 퇴행하려는 환자의 욕구를 이해하고, 그 이해를 바탕으로 환자의 욕구에 적응해 주는 사람이다. 환자는 절대적 의존 상태와 멸절 불안의 상태로 퇴행할 수 있을 때에야, 비로소 치료적 진전을 향해 나아갈 수 있다. 그러나 위니

---

82) Ibid. pp.229－232.

캇은 치료자가 항상 환자의 욕구를 이해하고 충족시켜 줄 수 있을 것이라고 믿지 않는다. 그는 아이에 대한 어머니의 적응이 결코 완벽하지 않은 것과 마찬가지로, 치료자의 실패 또한 불가피한 것이라고 보았다. 어머니의 실패가 아이를 망상적 전능 세계에서 이끌어 내어 현실감을 갖도록 돕는 것과 마찬가지로, 치료자의 적응 실패 역시 환자로 하여금 치료자가 자신의 전능 통제하에 있지 않다는 것을 잠시나마 알게 한다. 이 과정에서 중요한 것은, 너무 많은 양의 현실이 너무 빨리 주어져서는 안 된다는 것이다. 실패가 외상이 될 정도로 심각하지 않다면, 적응과 실패가 반복되는 치료과정은 환자로 하여금 시간 감각을 발달시키고, 경험의 연속성을 성취하도록 돕는다. 그리고 치료의 성공을 위해 결정적으로 중요한 것은 치료자가 자신의 '실패'를 기꺼이 인정하는 것이다. 이것은 한 사람으로서의 치료자의 현실을 환자에게 가져다주는 것이다. 유아가 실패와 좌절을 통해 점진적으로 현실을 배우는 것과 마찬가지로, 환자 또한 치료자의 실패와 그 실패를 치료자가 현실적으로 인정해 주는 것을 통해 점진적으로 '현실로 나아오게' 된다.[83]

절대적 의존기의 침범에 따른 결과 중 가장 경미한 것은 "거짓자기(false self)의 형성과 관련된 자아의 왜곡"이다. 침범이 과도하게 심각하지 않은 결과, 자기의 통합이 어느 정도 이루어진다면, 아이는 환경에 순응함으로써 자신을 방어할 수 있다.

---

83) Ibid. pp.234-239.

즉, 아이는 환경이 기대하는 것을 제공하고자 한다. 이것에 대한 그의 주된 감정은 지루함, 산만함 그리고 공허함이다. 이 상태는 내적 경험과 연결이 결여된 데서 온 결과이다. 이와 반대로 '진정성'(authenticity)은 참자기가 지배하는 건강한 인격을 나타내는 결정적인 요소라고 위니캇은 말한다. 이 진정성이 없는 삶을 산다는 것은 자아가 왜곡되었음을 말해 준다. 그것은 또한 인격구조가 방어적 반응으로 이루어져 있고, 따라서 환경과의 진정한 접촉을 차단한 채 살아가고 있음을 말해 준다. 이들의 경우 치료적 진전이 시작될 수 있기 위해, 먼저 치료자가 그들의 '존재하지 않음'(nonexistence)을 인식해야만 한다. 이런 사례에서 소망, 갈등 그리고 오이디푸스적 문제들을 분석하는 것은 무의미하다. 왜냐하면 그들은 자신들이 진정된 존재라고 느끼지 않기 때문이다. 이런 환자들은 자신의 존재하지 않음이 인시될 때만, 비로소 누군가와 의사소통하고 있다고 느낄 수 있다. 그 시점에서만 분석들은 의미 있는 것이 될 수 있다. 진짜 같지 않은 감정 그 자체가 바로 분석의 중심적인 이슈이며, 이때 분석가의 과제는 참자기가 출현할 때까지, 거짓자기의 허구성을 지적하는 것이다. 만약 해석이 거짓자기를 진짜인 양 취급한다면, 그것은 치료를 망칠 수 있다. 이때 분석가의 과제는, 위니캇이 그의 사례에서 환자의 존재하지 않음을 지적하는 것을 통해서 그랬듯이, 환자의 참자기와 접촉하는 것이다.[84]

---

84) Ibid. pp.240-243.

2. 상대적 의존기와 정신병리 치료

상대적 의존기에서 침범은 발달 중인 자아에게 발생한다. 절대적 의존기와 같이 통합되지 않은 자기에게 침범이 발생하거나, 오이디푸스기에서의 온전하게 통합된 자기에게 침범이 발생하는 것과는 다르다. 절대적 의존기 동안의 침범을 처음부터 주어지지 않은 '절대-박탈'(privation)로 경험하던 것과는 달리, 예전에 획득한 것을 충분히 누리기 전에 다시 잃어버리는 '박탈'(deprivation)로 경험한다. 이는 상실한 대상을 다시 얻으려는 노력은, 인격장애와 경계선 사례의 다양한 증상들로 나타난다. 한 가지 전형적인 반응은 물건을 훔치는 행동인데, 이것은 모성적 박탈을 다른 어떤 물건으로 대체하고자 하는 것이다. 위니캇은 아이와 청소년의 훔치는 행동을, 상실한 어머니를 세상으로부터 되찾고자 하는 노력으로 이해한다. 위니캇은 치안 판사를 위한 강연에서 청소년 비행의 심리적 측면을 다음과 같이 말한다.

나는 청소년 비행의 한 측면에 대해 단순하면서도 사실적으로 서술을 하고자 한다. 그것은 비행이 가정생활에서 경험한 박탈과 관련되어 있다는 것이다. 이러한 생각은 비행의 근본 원인을 이해하는 데 도움을 줄 수 있을 것이다. …… 청소년 비행은 그에게 아직 희망이 남아 있다는 사실을 가리킨다. 아동이 반사회적으로 행동할 때, 그것을 반드시 병적인 것으로만 볼 필요는 없다. 반사회적 행동은 종종 강하고 사랑이 있고 신뢰할 만한 사람들에 의해 통제받기를 원하는 일종의 조난신호(S.O.S)로 볼 수 있다. 대부분의 비행 아동들은 어느 정도 병든 아동이라고 할 수 있지만, 그것은 많은 경우 "아동이 삶의 초기에 자신의 믿음 안에 통합시킬 수 있을 만큼의 충분한 안정감을 경험하지 못했다는 점"에서만 그렇게 말할 수 있다. …… 이러한 사실들을 고려할 때, 우리는 가정생활을 박탈당한 아동에게 그들이 아직 충분히 어릴 때 개인적이고 안정된 환경을 제공해 줘야 한다. 그렇지 않을 경우, 그들은 나중에 특수학교 또는 최후엔 사면이 벽으로 된 감옥에 갈 수밖에 없을 것이다.[85]

많은 경계선 인격장애 환자들은 위니캇이 말하는 상대적 의존기의 외상 개념에 잘 들어맞는다. 위니캇은 이런 환자들이 특징적으로 보이는 강력한 의존적 유대와 행동화를 세상 안에 있는 어떤 것에 내해 '권리를 주장'하려는 시도로 보았으며, 상실한 모성적 유대를 되찾기 위해 사람이나 물건을 중간대상으로 사용하려는 노력으로 보았다. 이들에 대한 치료로서 컨버그(Kernberg)는 '한계설정'과 '직면'을 권한다. 하지만, 위니캇은 이들에 대한 치료과제는 만족을 주는 대상에 대한 환자의 갈망에 가능한 한 적응해 주는 것이며, 그렇게 함으로써 치료자는 환자를 위한 '중간대상' ― 모성적 만족에 대한 상징으로 사

---

85) 도널드 위니캇, 『박탈과 비행』 이재훈, 박경애, 고승자 역, (서울: 한국심리치료연구소, 2001) pp.60 - 69.

용되다, 더 이상 필요하지 않을 때는 포기되는—이 되어야 한다고 믿었다. 위니캇은 이런 유형의 적응이야말로 묶여 있는 성숙과정을 풀어 주는 요소라고 보았다.[86]

공격성과 사랑을 통합하지 못하는 무능력은 또한 다양한 성격장애 환자들에게서 발견되는 문제이다. 어머니가 아이의 공격성을 살아남지 못한다면, 아이는 자신의 공격성이 어머니를 죽였다고 무의식적인 생각을 갖게 된다. 이런 상황에서 불가피하게 공격성과 관련된 미해결된 죄책감이 발생하며, 그 결과 심각한 형태의 방어적 반응들 중 하나가 형성된다. 많은 경우 어머니는 신체적으로는 살아남지만, '정서적'으로 아이의 공격성을 담아 주지 못할 수 있다. 그때 아이는 자신의 사랑과 분노를 융합해내지 못한다. 이러한 '본능의 탈융합'(defusion)은 공격성을 전체 인격으로 분리시키는 결과를 가져온다. 사랑과 분노 이 두 충동의 '융합'이 필요한 이유는, 현실적 목표를 추구하는 건설적인 능력이 '공격적 충동'에서 발달해 나오는 것이기 때문에, 공격성의 부재는 이런 목표를 성취하지 못하는 결과를 가져온다. 공격성의 억제는, 그로 인한 특정한 병리적 반응과는 별도로, 삶에 대한 흥미와 동기의 고갈을 가져오며, 그런 결과 충일한 삶을 살 수 있는 기회의 상실을 가져온다. 그리고 위니캇은 수동성과 부적절감은 상대적 의존기 동안에

---

86) 프랭크 써머즈, 『대상관계 이론과 정신병리학』 이재훈 역, (서울: 한국심리치료연구소, 2004) p.249.

공격성이 인격으로 통합되지 못함으로 인해 발생한 것이며, 이 때에 개인의 건설적인 목표추구는 심각하게 손상된다고 본다. 위니캇의 견해에서 '파괴적 충동'과 '건설적 충동'은 서로 뗄 수 없이 연결되어 있다. 공격성과 '접촉하지' 못하는 환자들은 건설적인 힘을 사용할 수 없다. 그런 환자들을 위한 치료적 과제는, 그들이 자신들의 파괴적 충동을 발견하도록 돕는 것이다. 환자들은 자신들의 파괴적 충동들을 온전히 경험한 후에야, 건설적인 욕망에서 의미를 발견할 수 있고, 그런 건설적인 일에 공헌할 수 있다.[87] 위니캇은 이러한 사례의 임상 후 다음과 같이 말한다.

> 환자는 회복충동을 인식하기 전에, 먼저 파괴적인 충동과 접촉해야만 했다. 그리고 그는 자신의 시간에 맞게 그리고 자신의 방식대로 접촉해야 했다. 여기에서 그의 생각할 수 있는 능력이 궁극적인 기여를 하였으며, 이것이 그로 하여금 자신의 파괴성에 보다 밀접하게 접촉할 수 있게 했다는 것은 의심의 여지가 없다. 그러나 그가 말했듯이, 우리가 먼저 파괴성과 접촉하지 못했다면, 건설적인 노력은 거짓이며 의미 없는 것이 되었을 것이다.[88]

그리고 위니캇은 공격성에 대한 갈등은, 참자기-거짓자기

---

87) Ibid. pp.256-259.
88) 도널드 위니캇, 『성숙과정과 촉진적 환경』 이재훈 역, (서울: 한국심리치료연구소, 2000) pp.114-115.

병리를 낳는다고 본다. '내향성'(introversion) 역시 상대적 의존기에 공격성을 담아 주지 못한 환경 실패로 인한 퇴행적 반응으로 간주된다. 이 경우에 좋음은 내부에 유지되고, 모든 나쁨은 외부 대상에게 투사된다. 이런 '행동화'는 건강한 신호이지만 만약 그것이 환경에 의해 부정적인 행동으로 오해된다면, 그것은 쉽게 사라질 것이며 아이는 다시 내향성 상태로 돌아갈 것이다. 이 패턴의 극단적인 형태에서, 숨어버린 참자기를 감추기 위한 거짓자기가 생겨난다. 또한 상대적 의존기는 아이에 대한 어머니의 기대가 시작되는 시기라는 점에서, 병리의 또 다른 원천이 될 수 있다. 이 시기에 어머니는 아이에게 자신을 만족시켜 줄 것을 요구하는 법을 배우고, 아이는 어머니를 기쁘게 해드리기 위해서 자신의 감정을 조절하는 법을 배운다. 이런 방식으로 어머니는 아이가 자신의 감정을 버리고 어머니를 즐겁게 해드리려고 노력하게 만든다. 다시 한 번, 인격의 '핵심 부분'이 '껍질 부분'에 희생되고, 그 결과 거짓자기 병리가 발생한다. 아이의 공격성은 이런 거짓자기 증후군의 주된 특성이다. 이에 대한 치료자의 과제는 환자의 공격성을 '담아 주어' 전체 인격 안으로 통합하도록 돕는 것이다. 그리고 공격성을 담아 주는 것, 즉 '충분히 좋은' 어머니로 행동함으로써 가로막힌 성숙과정을 재개하도록 촉진하는 것들은, 치료자 역할의 일부라고 본다. 위니캇은 이런 환자의 치료는, 참자기의 발견을 통해서만 시작될 수 있다고 보았다.[89]

3. 독립을 향해 가는 단계의 병리

이 시기는 발달의 오이디푸스 시기와 겹친다. 위니캇은 정신분석 사고에 대한 자신의 공헌이 보다 초기 단계의 발달과 관련된다고 느꼈기 때문에, 오이디푸스기에 대해서는 별다른 논의를 시도하지 않았고 '독립을 향해 가는 단계'에 대해서도 거의 글을 쓰지 않았다. 독립을 향해서 가는 단계에 대해서 위니캇이 드물게 했던 말들은, 그나마도 자신의 발달이론을 종결하기 위한 요약의 형태로 제시된 것이었다. 독립을 향해서 나아가는 단계에서 아이의 자기감은, 이전 단계에서보다 신체적 욕구와 감각에 훨씬 덜 의존한다. 이제 아이는 '내적 환경'에 대한 감각을 가지고 있기 때문에, 홀로 있을 수 있을 뿐만 아니라 종종 홀로 있기를 추구한다. 위니캇은 아이가 이제 삼자 관계(three-party relationships)를 감당할 수 있다는 고전적 정신분석의 입장을 받아들인다. 위니캇이 볼 때, 이런 발달은 고전적 정신분석 이론의 주장과 동일한 의미를 가지고 있다.[90]

그리고 위니캇은 신경증을 프로이드의 이론이 적용되는 영역으로 보았다. 전오이디푸스기의 환경적 결함에서 비롯된 거짓자기 병리와는 달리, 전체인격을 형성한 사람들의 일상적 갈

---

89) 프랭크 써머즈, 『대상관계 이론과 정신병리학』 이재훈 역, (서울: 한국심리치료연구소, 2004) pp.259-264.
90) Ibid. pp.226-227.

등의 문제로 보았으며, 질병이 아닌 일상적인 불행으로 보았
다. 위니캇은 기존의 프로이드 업적을 보존하고 그와의 연속성
을 유지하려 하였으나, 신경증을 적절한 돌봄으로 해결할 수
있는 문제라고 함으로써 신경증적인 고통과 일상적인 불행을
구별했던 프로이드의 이론을 왜곡하였다.[91]

결국 위니캇의 이론은 오이디푸스 시기의 영향을 받는 신경
증(Neurosis)에 관한 설명보다는, 경계선 인격장애(Borderline
Personality Disorder)와 가학증(Sadism)과 피학증(Masochism)과
성적문란, 과식, 마약, 알코올 중독 등 직접적인 신체적 만족을
통해 상실한 대상을 재발견하고자 시도하는 전오이디푸스 시기
에 고착된 병리를 이해하는 데 탁월하다.

다. 안아주는 환경(Holding Environment)의
의미와 목표

프로이트(1856 - 1939)는 대상관계의 현실적 측면들을 자신
의 발달이론에 완전히 통합시키지 못했다. 프로이트는 아들러
(Alfred adler, 1870 - 1937)와 논쟁하고, 융(C. G. Jung, 1875 -
1961)의 이론을 비판하며 자신의 이론들을 발전시키는 조정전

---

91) 오채근 편저, 『비교정신분석학』(서울: 한국심리치료연구소, 2005)
　　 p.125.

략을 펴나간다. 하지만, 방어 모델로부터 욕동 모델에 이르기까지, 프로이트의 정신분석 이론에 일관되게 흐르는 개념은, 개인 내부에서 서로 반대하는 두 세력이 정신적인 삶을 지배하려고 경쟁한다는 갈등 이론 위에 세워졌다. 조정 전략을 통한 그의 이론의 발전에도 불구하고, 프로이트의 이론의 틀 안에서는 양육자들 사이의 차이는 전혀 고려되지 않는다. 사실 어머니의 '거절하는(rejecting)' 태도 또는 '질식케 하는(smothering)' 태도는 유아의 현실원리와 인지발달에 엄청난 영향을 미친다. 그러나 프로이트는 어머니의 성격적인 특징을 다루지 않았다. 하지만 조정 전략을 통해서 프로이트는 지형학적 모델을 넘어서 원본능, 자아, 초자아라는 구조모델은 자아의 발달과정을 담고 있기 때문에 전 오이디푸스적 대상관계 이론의 필요성을 인정한다. 또한 구조 모델은 동일시와 정신구조 형성 시이에 대싱 싱실이라는 중요한 요소가 놓여 있다고 가정함으로써, 대상관계 이론의 초보적인 틀을 세웠다.[92]

위니캇의 이론은 프로이트의 리비도 발달단계에 관한 조정 이론의 한계를 극복한다. 위니캇은 전오이디푸스 시기의 대상관계에 따른 정신 병리와 그에 따른 치료자의 역할에 대해서 해석보다는 외상으로 고착된 퇴행적 행동을 이해해 주고, 그의 공격성을 안아주는 환경(holding environment)의 중요성을 강

---

92) 그린버그, 제이 & 스테펜 미첼, 『정신분석학적 대상관계이론』 이재훈 역, (서울: 한국심리치료연구소, 1999) pp.95‒139.

조한다. 안아주는 환경은 외상으로 인한 고착과 퇴행 그리고 공격성(aggression)을 성숙시키기 위해 촉진적인 환경을 제공하며, 이것을 통해서 환자가 사회에 적응하고 다른 대상과 관계를 형성하도록 돕는 것, 즉 '사회화'를 '안아주는 환경'을 통한 치료적 의미와 목표로 이해할 수 있다.

1. 공격성의 통합

사랑과 증오는 모두 공격성을 포함한다. 다른 한편, 공격성은 두려움에 대한 하나의 증상일 수 있다. 성숙한 공격성은 치료해야 할 어떤 것이 아니다. 그것은 인정해 주고 허용해 주어야 할 어떤 것이다. 아기와 아동이 적절한 순간에 공격성을 표현할 수 있는 능력을 잃지 않으면서 공격적인 생각과 흥분을 관리하고 조절할 수 있게 되려면 매우 복잡한 과정을 거쳐야 하며, 따라서 시간이 아주 많이 걸린다. 부인하지 않으면서 개인이 책임질 수 있는 모든 공격성은, 회복과 보상의 작업을 위한 능력이 될 수 있다. 모든 놀이와 일 그리고 예술의 배후에는 무의식적 환상과 무의식적 갈망 속에서 행하여진 해악에 대한 무의식적 죄책감이 존재한다. 인격 형성이 지닌 목표 중에 하나는 이러한 본능적인 것을 보다 잘 사용할 수 있게 되는 것이다. 이것은 자기 자신의 잔인성과 탐욕을 인정하게 되는 것을 의미하는데, 그때에만 그것은 승화된 활동을 위해 사용될 수 있다. 이렇게 아동은 항상 발달 과정에 있으며, 우리의 가장 깊은 관심사는 성숙에 관한 것이다. 그리고 아동이 성장하는 과정에서 상징을 사용하는 것이 건강에 얼마나 중요한 의미를 갖는지를 알아야 한다. 상징을 사용하게 되면서 어떤 하나가 다른 하나를 대신할 수 있게 됨으로써, 그 결과 아동은 냉엄한 현실에서 부딪치는 힘든 갈등으로부터 상당한 안도감을 얻을 수 있게 된다. 아동이 성숙해 가는 과정에서 파괴에 대한 또 다른 태도가 나타나는데, 그것은 건설적인 충동이다. 위니캇은 좋은 환경에서, 이 건설적 충동이 아동 자신의 본성에 있는 파괴적인 측면에 대한 책임성을 아동 스스로 수용하는 것과 관련되어 있다는 사실을 설명하고자 노력해 왔다. 아동이 건설적인 놀이를 하기 시작하고 놀이를 계속한다면, 그것은 아주 중요한 건강의 징표가 된다. 그것은 신뢰할 수 있는 능력과 마찬가지로 외부에서부터 옮겨 심을 수 없는 어떤 것이다. 건설적인 놀이는 시간의 흐름과 함께 아동이 부모 또는 대리 부모가 만들어 주는 환경 안에서 경험하는 삶의 총체적인 결과로서 나타나는 것이다. 이처럼 충분히 좋은 어머니와 부모의 돌봄이 있을 때, 대부분의 유아는 건강을 획득하고, 마술적 통제와 파괴성을 버리고 공격성을 즐길 수 있는 능력을 성취한다. 그리고 그런 능력과 함께 만족을 느끼고 부드러운 관계들을 즐기며 아동기의 삶을 구성하는 개인적인 내적 풍부함을 성취한다.[93]

여기에서 통합(integration)이라는 단어가 중요해진다. 충분히 통합된 사람은 생생하게 삶을 살아가는 데 필요한 모든 감정과 생각들에 대해 완전하게 책임을 지는 사람이다. 대조적으로, 우리가 싫어하는 것들을 외부에서 발견할 때 우리는 우리 자신에게 속해 있던 파괴성의 상실이라는 대가를 치르게 되는데, 그것은 통합의 실패를 가져온다. 위니캇은 개인의 감정과 생각 전체에 대해 책임을 지는 능력이 발달해 가는 과정에 대해 이야기한다. '건강'이란 말은 '통합의 정도'와 밀접하게 관련되어 있으며, 이 통합은 '책임을 지는 능력'을 나타낸다. 건강한 사람에게 볼 수 있는 한 가지 중요한 사실은, 그가 자신의 파괴 충동과 생각들을 처리하는 데 투사(投射, Projection)의 기법을 자주 사용하지 않는다는 것이다.94)

위니캇의 견해에서 파괴적 충동과 건설적인 충동은 서로 뗄 수 없이 연결되어 있다. 공격성과 '접촉하지' 못하는 환자들은 건설적인 에너지를 사용할 수가 없다. 이런 환자들을 돕기 위한 치료적 과제는 그들이 자신의 파괴적 충동을 발견하도록 돕는 것이다. 환자들은 자신의 파괴적 충동을 온전히 경험한 후에야, 건설적인 욕망에서 의미를 발견할 수 있고 또 그런 건설적인 일에 공헌할 수 있다.95) 위니캇은 환자가 자신의 파괴

---

93) 도널드 위니캇, 『박탈과 비행』 이재훈 역, (서울: 한국심리치료연구소, 2001) pp.19-41.
94) Ibid. p.94.

성과 보다 밀접하게 접촉할 수 있었던 것은, 분명코 그가 궁극적으로 무엇인가를 위해 기여할 수 있다는 생각을 가질 수 있는 그의 능력 때문이라고 말한다.[96] 그리고 환자가 궁극적으로 무언가를 위해 기여할 수 있다는 생각을 가질 수 있는 능력은, 성숙과정에 따른 촉진적 환경과 관련되어 있다.

2. 성숙과정과 촉진적 환경

고전적 정신분석가인 프로이트는 정신구조의 형성에 미치는 환경의 영향을 인정하지 않았다. 하지만 코헛(Heinz Kohut, 1923-1981)은 돌보는 환경이 정신 구조의 형성에 미치는 영향을 인정한다. 코헛은 충동의 중립화나 탈성화는 부모가 아이의 공격성을 사랑스럽게 대해 주었을 경우에 발생한다고 말한다. 코헛에 의하면, 욕농을 자아의 조직으로 만드는 과정인, 중립화란 부모가 아이의 공격성을 사랑으로 처리하는 모습을 아이가 동일시함으로써 얻어진 결과이다. 아이는 동일시를 통하여 차츰 자신의 격노에 대해 부모가 했던 것처럼 확고하면서도 사랑스러운 양식으로 반응하게 된다. 만약 부모가 자녀의 격노

---

95) 프랭크 써머즈, 『정신분석학적 대상관계이론』 이재훈 역, (서울: 한국심리치료연구소, 1999) p.259.

96) 도널드 위니캇, 『박탈과 비행』 이재훈 역, (서울: 한국심리치료연구소, 2001) p.99.

에 반발적 격노로 대응할 경우, 그 자녀는 격노를 표출하는 방식으로 자신의 공격성을 사용함으로써 부모의 반응 양식과 동일시하게 된다. 이런 아이는 격노를 느낄 때 자신에 대해 혹독하고 가학적인 태도를 취한다. 억압이나 다른 방어기제는 결국 이런 역동성을 억압 장벽 아래로 밀어내어 중립화가 일어나는 영역인 비-전이 영역으로부터 멀어지도록 강요한다.[97]

위니캇은 공격성의 중립화의 방법으로 '성숙과정'과 '촉진적 환경'을 언급한다. 그리고 반사회적 경향성을 나타내는 아동 비행의 임상적인 모습을 희망적으로 이해하면서, 반사회적 경향성의 원인과 관련된 성숙과정과 촉진적 환경을 다음과 같이 간단하게 설명한다.

> 반사회적인 경향성을 나타내는 아동은 박탈의 상처를 경험한 아동으로서, 절망적이고 불운하며 해를 끼치지만, 바로 그 점이 그에게는 희망의 징표이다. 반사회적인 경향성은 그 아동에게서 어떤 희망이 발달하고 있다는 것을 의미한다. …… 모든 반사회적 경향성은 환경제공의 연속성이 파괴되고, 성숙 과정이 정지된 결과에서 비롯되며, 아동은 고통스럽고 혼란스러운 상태에 빠지게 된다. …… 강박적인 악함은 도덕 교육에 의해 치료되거나 없어지지 않는다. 이런 점에서 반사회적이거나 악한 사람들을 도덕적으로 가르칠 수 있다고 보는 도덕교육자의 입장을 옳다고 말할 수 없다. 비록 적용 가치가 제한

---

97) 앨런 시걸, 『하인즈 코헛과 자기 심리학』 권명수 역, 이재훈 감수, (서울: 한국심리치료연구소, 2002) pp.69-70.

적이긴 하지만, 정신분석이 제공하는 이해는 상당히 중요하다. 대체로 정신분석에 기초해 있는 현대적 사고는 유아와 어린 이 돌봄에서 중요한 것을 알게 해 준다. 그리고 부모들이 자 신의 자녀들을 착한 아이로 만들어야 한다고 생각하는 부담 을 덜어준다. 그것(착함)은 개인의 '성숙과정'에 달려 있으며, 이 성숙과정은 '촉진적 환경'과 관련이 있다.[98]

위니캇은 도덕 교육보다, 사랑에서 얻는 것이 더 많다고 주 장한다. 여기서 사랑은 성숙과정을 촉진시키는 유아 돌봄과 아 동 돌봄 전체를 의미한다. 그리고 그것은 증오를 포함한다. 아 동은 부모의 인정 및 거부를 경험할 필요가 있다. 그러나 훌륭 한 부모들은 대체로 유아가 바로 지금 의미 있고 특별한 돌봄 안에서 가치감의 요소와 좋고 나쁜 요소 그리고 옳고 그른 요 소들을 발견할 때까지 기다려 주며, 인정 및 거부의 표현을 자 제한다. 위니캇은 예술가가 그림을 그리고 도예가가 도자기를 만들듯이 부모가 아기를 만들 수 있는 것은 아니라고 말한다. 그는 환경이 충분히 좋으면, 아기는 자신의 방식대로 자란다. 어떤 학자는 충분히 좋은 환경의 제공을 '평균적으로 기대할 수 있는 환경'이라고 말한다. 그리고 유아 돌봄은 전체적 진행 과정에서 유아에게 '세상을 꾸준히 제시하는 것'(일관성)은 특 히 중요하다. 그것은 어머니 자신에 의해 제공되는 일관성 있

---

98) 도널드 위니캇, 『성숙과정과 촉진적 환경』 이재훈 역, (서울: 한
  국심리치료연구소, 2000) pp.149–150.

는 관리를 통해 이루어질 뿐이다. 그렇게 되면 유아의 성장은 다른 사람에 의해 풍성해지는 내적 실재와 외적 실재 사이의 끊임없는 상호 교환의 형태를 취한다. 반면에 침범이나 적응의 실패는 유아의 반동을 불러일으키며, 그 반동은 존재의 연속성을 깨뜨린다. 침범에 대한 반동이 거의 없을 때 유아의 신체기능은 신체 자아를 발달시킬 수 있는 좋은 기초를 제공한다. 이 '성숙과정'이란 용어는 자아(ego)와 자기(self)의 발달을 의미하며, 그것은 원본능 및 그것의 변화과정 그리고 자아의 방어에 대한 전체 내용을 포괄한다.99)

무엇보다도 위니캇의 성숙과정과 촉진적 환경 개념은 공격성의 통합을 잘 설명해 준다. 또한 그가 강조하는 것은 성숙과정에 따른 촉진적 환경이 유아의 통합을 돕기 위해서는 부모가 '아동 발달의 수준'에 맞추는 것, 즉 절대적 의존기에는 일차적 모성 몰두를, 상대적 의존기에는 점진적인 적응의 실패를 제공하는 것이다. 이것은 결국 안아주는 환경(holding environment)의 역할과 목표인 독립을 향해 나가게 하는 것, 즉 사회화로 이끌어 간다.

3. 사회화

위니캇은 발달을 개인이 일련의 의존 단계들을 거쳐, 건강하

---

99) Ibid. pp.121 - 143.

고 상대적으로 독립적인 성인의 삶을 살 수 있게 되는 과정으로 보았다. 그는 전오이디푸스적 정신병리들을, 절대적 의존 상태로부터 독립을 향해 나아가는 움직임—전능 세계로부터 현실 세계로 나아가는 움직임—이 환경적 요인으로 인해 정지된 것으로 보았다. 치료는 발달정지가 일어난 지점을 확인하고, 적절한 환경적 반응을 제공해 주는 것과 관련된다. 위니캇은 전통적인 정신분석 치료가 갖고 있는 것과는 다른 종류의 가치체계를 제안한다. 그는 근본적으로 정신분석 치료란 발달 과정에서 어머니가 수행하는 역할과 같은 것이며, 그 역할의 본질은 욕구에 적응해 주는 것이라는 믿음을 갖고 있다. 이러한 정신병리와 치료에 대한 위니캇의 이론은 그의 발달에 대한 이해에서 온 것이다. 그러나 위니캇의 견해에서 볼 때, 과거의 문제를 극복하는 것만으로는 충분하지 않다. 사실, '새로운 경험이 정신 안에 통합'되기 전까지는, 과거의 문제를 온전히 극복하는 일은 아마도 불가능할 것이다. 임상 상황에서 위니캇이 평가하고 개입하는 방식은 전통적인 정신분석적 접근에 의해 규정된 방식과는 다르다. 그는 다른 어떤 정신분석 이론가들보다도 어머니-유아 관계에 기초해서 개입방식을 결정한다. 이 점에서 그는 모든 정신분석 이론가들 중에서 가장 순수하게 대상관계적인 이론가이다.[100]

---

100) 프랭크 써머즈, 『대상관계 이론과 정신병리학』 이재훈 역, (서울: 한국심리치료연구소, 2004) pp.264-267.

하지만 그는 대상관계적 관점을 고수하면서도 성장과정을 의존에서 독립을 향해 가는 것으로 이해한다. 그리고 독립을 향해 나가는 것은 고립이 아니라 상호의존적인 방식으로 환경과 관계를 맺는다고 말한다. 위니캇은 성숙한 독립과 상호의존을 사회화로 이해하며 다음과 같이 말한다.

> 인간의 성숙은 개인적인 성장뿐 아니라 사회화를 의미한다. 건강한 경우에 건강은 성숙과 거의 같은 의미이며, 성인은 개인적인 자발성을 크게 희생하지 않으면서도 사회와 동 일시할 수 있다. 한편으로 성인은 실제로 그 사회를 유지하거나 개선하기 위해 책임을 감당하면서도, 즉 반사회적이 아니면서도 자신의 개인적 욕구를 충족시킬 수 있다고 본다. 우리는 항상 어떤 사회적 상황에서 존재할 수밖에 없다. 이것은 우리가 받아들여야 하고 또 필요하다면 바꾸어야 하는 유산이며, 결국 우리는 이것을 우리의 후손에게 물려주게 된다. 인간에게 있어서 독립은 결코 완전한 독립이 아니다. 건강한 개인은 고립되는 것이 아니라 상호 의존적인 방식으로 환경과 관계를 맺게 된다.[101]

이러한 접근에서 볼 때, 건강이란 개인의 건강과 사회의 건강 모두를 의미한다. 미성숙하거나 병든 사회 환경에서는 개인의 온전한 성숙은 가능하지 않다. 그러나 위니캇은 환경이

---

101) 도널드 위니캇, 『성숙과정과 촉진적 환경』 이재훈 역, (서울: 한국심리치료연구소, 2000) p.119.

아동을 만드는 것은 아니고, 다만 아동은 그 환경의 도움으로
부터 타고난 잠재력을 실현할 수 있을 뿐이라고 말한다.[102]

이렇게 안아주는 환경(holding environment)은 궁극적으로
사회화를 지향한다. 한 개인이 성숙과정을 위한 촉진적 환경에
서 자신의 공격성을 통합해 내고, 건강한 성인으로서 독립과
상호 의존을 통합해 내는 역동(dynamics)을 일으키는 것이다.

---

102) Ibid. pp.120-121.

Ⅳ. 관상기도의
위니캇 대상관계 이론적 이해

심층심리학은 영성 생활에 구체적인 기여를 했다. 그것은 영과 육체 사이의 갈등과 대화가 발생하는 장소를 우리 자신의 자기 안으로 옮겨 놓았다. 위니캇의 심층심리학이 영성에 기여하는 바가 무엇인가? 또는 역으로, 영성적 관점이 위니캇이 말하는 인간의 정신을 이해하는 데 어떤 기여를 하는가? 살펴보려고 한다. 기독교는 하나님과 세상 안에서의 하나님의 행동에 대한 영원한 진리의 상징들을 해석하기 위하여, 문화 안에서 지배적인 철학적 지식을 빌려 오는 것으로 널리 알려져 있다. 진리를 해석하기 위해 토마스 아퀴나스는 아리스토텔레스를, 어거스틴은 플라톤을, 틸리히는 실존주의를 사용했다. 놀라운 사실은 인류가 새천년을 맞이한 오늘 이런 신학적 과제를 수행하는 데 심층심리학이 가장 적절한 학문적 도구가 되고 있다.

종교는 하나님과 함께 하는 삶과 자기의 삶을 담아 주는 그릇이었다. 어거스틴의 간명한 기도—"나를 아는 것은, 당신을 아는 것입니다"—가 이것을 잘 요약해 준다. 무의식을 탐구하는 심층심리학은 종교적 삶과 그 연구를 위한 하나의 새로운 해석 전통을 더해 주었다. 신비스런 무엇의 현존을 가리키는 그러한 경험들은, 특히 그것이 우리의 존재 깊은 곳과 우리 주변에 그리고 우리가 하나님이라고 부르는 초월의 경지 안에서 존재할 수 있다는 사실은 참으로 우리를 놀라게 한다. 물론 무의식 그 자체가 하나님은 아니다. 그러나 무의식에 대한 인식은 하나님께서 우리를 만나는 또 하나의 주된 통로를 더해 준다. 우리는 모호한 진리에 대해서 형이상학적이고 추상적인 논의나 교리적인 논쟁을 하기보다는, 우리의 가족과 공동체 안에서 발생하는 불화와 문제를 가지고 씨름하는 것을 선호한다.

정신분석학과 영성은 서로 다른 목적과 언어들을 가진, 두 개의 독립적인 학문전통이다. 그러나 이 둘은 서로를 풍부하게 할 수 있는 많은 것들을 가지고 있다. 위니캇은 심층심리학의 주요 주제들을 다룸에 있어 매우 독창적인 접근을 시도한 사람이다.103) 특히 안아주는 환경(holding environment)에 관계된 성숙과정과 촉진적 환경 속에서 공격성을 통합시키는 과정은, 교회의 전통 속에 있는 관상기도를 이해하고 관상기도의 실천 방향을 제시하는 데 적용 가능한 이론이다.

---

103) 앤 벨포드 울라노프, 『영성과 심리치료』 이재훈 역, (서울: 한국심리치료연구소, 2005) pp.67-69.

가. 관상기도의 영성 형성과 공격성의 통합의 관계

1. 관상기도와 공격성 통합

위니캇의 이론은 우리가 관상기도를 이해하고 실천하는 데 탁월하다. 위니캇은 치료자의 과제는 환자의 공격성을 '담아 주어' 그것을 전체 인격 안으로 통합하도록 돕는 거라고 보았다. 그리고 공격성을 담아 주는 것은, '충분히 좋은' 어머니로 행동함으로써 가로막힌 성숙과정을 재개하도록 촉진하는 것을 치료자 역할의 일부라고 보았다.[104]

관상기도(apophatic, contemplation)는 정화를 통해 영혼을 통합한다. 우리는 이성이 어두워지고 나의 의지가 죽어진다고 해서, 하나님의 일(원수를 사랑하며, 나를 박해하는 사람을 위해서 기도하는)을 실천할 수 없다. 그 이유는 내 이성과 의지가 하나님에게 사로잡힌다 해도, 과거의 어둡고 슬픈 기억과 미래에 대한 멸절과 상실 불안의 상상에서 자유롭지 못하기 때문이다. 관상기도를 통해서 우리의 아픈 기억과 어두운 상상들을 대면하고 정화시켜 나가야 하는 것이다. 이러한 영혼의 정화와 일치는 우리의 공격성 통합과 관련되며, 무엇보다 영성과 심층심리학의 연결고리는 예수 그리스도의 십자가 사건에

---

104) 프랭크 써머즈, 『대상관계 이론과 정신병리학』 이재훈 역, (서울: 한국심리치료연구소, 2004) p.261.

대한 믿음에 있다.

우리가 기도하기 위해 앉으면 성령으로부터 위안을 받기도 한다. 그러나 우리가 이 기도를 몇 년 하고 나면 언제나 사막에 있음을 알게 되는데, 그 이유는 그것이 바로 하나님과 일치하는 길이기 때문이다. 우리의 어릴 적 상처로부터 나아지는 길은 십자가를 통하는 길 말고는 다른 길이 없다. 하나님께서 우리에게 받아들이라고 하시는 십자가는 일차적으로 우리의 어릴 적부터 가지고 온 우리 자신의 아픔이다. 우리 자신의 상처들, 우리 자신의 한계들, 우리 자신의 성격적 결함들, 어릴 때부터 지금까지 사람들이 나에게 끼친 손상들 그리고 우리 각자가 고유하게 경험하는 인간조건의 아픔들, 이것들이 우리의 진정한 십자가 이다. 이러한 십자가가 그리스도께서 우리에게 받아들이라고 청하시고, 그분과 나누라고 우리를 청하시는 것이다. 사실 그리스도께서는 고난 중에 우리의 아픔을 이미 경험하셨고 우리의 아픔을 자신의 아픔으로 만드셨다. 다시 말하면, 우리는 이미 일어난 어떤 상황 안으로 단순히 들어가는 것인데, 이 상황이란, 우리의 그리스도와의 일치와 그 일치가 의미하는 모든 것, 즉 우리의 모든 아픔, 불안, 공포, 자기증오 그리고 좌절감과 같은 것들을 당신 안에 받아들이시는 것을 말한다. 이것은 십자가상에서 "나의 하나님, 어찌하여 나를 버리시나이까?"라고 부르짖으셨을 때에 이 모든 것을 포함하고 있는 것이다.[105] 이와 같이 우리가 예수 그리스도의 십자가를 통한 하나님의 사랑 안에 거하고 영혼이 정화되는 관상기도는, 우리의 공격성을 통합시키는 시간이다.

기도는 우리의 공격성을 열어준다. 우리가 어렸을 때 입었던 옷을 근육이 찢고 나오듯이 우리의 공격적 성향이 기도에서 나온다. 이 공격성은 우리가 응답을 얻지 못할 때나 어떠한 결과도 느끼지 못하는 어두움 속에서 견뎌내도록 도와준다. 그리고 공격성이 기도를 가능하게 하는 힘이 되듯이, 기도는 공격성을 구별하는 데 도움이 되기도 한다. 우리는 더 이상 우리의 공격적인 분노, 충격, 시기 또는 권력욕을 두려워하거나 비난하지 않으며, 그 모든 것들을 하나님의 뜻에 맡겨 자유를 얻는다. 그때 우리는 분노가 사랑을 표현하기도 하고, 대부분의 우리의 공격적인 반응들이 여러 방식으로 다른 사람에 대한 관심을 표현하고 있음을 발견하고는 놀란다. 그리고 강한 공격적 방법으로 하나님의 현존을 인정할 때 모든 것은 변한다. 기도 안에서 허락된 공격성은 우리를 하나님을 위해 어리석게 보일 모험을 할 수 있도록 준비시킨다. 기도는 공중 앞에서 기꺼이 우습게 보일 수 있는 용기를 주며, 믿음을 가지고 전진하는 것을 허락해 준다. 우리는 여기서 우리를 만지신 하나님께 대담한 충성을 바치는 데 있어, 실패할 용기가 있는 것도 발견한다. 무엇보다 기도 속에서 공격성은 우리를 사랑으로 인도하는

---

105) 토마스 키딩, 『하느님과의 친밀』 엄무광 역, (서울: 성바오로, 1999) p.44.

데, 그 사랑에 대해 말할 때 우리는 자신의 가치를 재조사하고 재조직해야 한다. 우리가 따르는 예수님은 구원자이시지 심판자가 아니시다. 우리가 스스로에게 드리우는 사랑의 형상은 구원의 형상이지 심판의 형상이 아니다. 우리는 충만한 공격성을 가지고 자신과 다른 사람들에게 나아간다. 그 공격성 속에서 우리는 사랑하는 남자와 사랑하는 여자로서의 정체성을 가지고 모든 사람을 만나며, 적어도 그들 속에서 자신을 만난다.[106] 그러나 공격성을 통합하지 못한다면 참다운 삶보다는, 침범에 대한 반응(false self)들로 내 자신의 삶을 채우게 된다.

2. 관상기도와 거짓자기

관상기도는 위니캇의 거짓자기(false self)개념과 참자기(true self)개념 그리고 거짓자기 치유의 과정을 포함하고 있다. 일반적으로 거짓자기(false self) 구조가 건강한 경우, 거짓자기는 감정을 숨김없이 드러내어 말하지 않는, 공손하고도 예의바른 사회적 태도로 나타난다. 여기에는 전능성과 일반적인 일차과정을 포기할 수 있는 개인의 능력이 있으며, 이점은 참자기만으로는 결코 살아갈 수 없는 현실사회 안에서 개인이 있을 수 있는 자리를 제공받는 것이다. 하지만 위니캇의 거짓자기 구조

---

106) 앤 & 배리 울라노프, 『기도의 심리학』 박선교 역, (서울: 도서출판 은성, 2002) pp.101-114.

중에서 관심 있게 살펴봐야 할 것은 '건강을 향해 있는 거짓자아'이다. 거짓자아가 '건강을 향해 있는 경우' 이것은 주로 참자기가 자신의 역량을 발휘할 수 있을 만한 상황을 찾아주는 데 관심을 갖는다. 만일 그 조건이 발견되지 않으면, 틀림없이 거짓자기는 참자기가 착취되는 것에 대항하기 위한 새로운 방어를 조직하게 된다. 그리고 만일 그 방어가 성공할 수 없다면, 그때 나타나는 임상적 결과는 자살이다. 이런 맥락에서 발생하는 자살은, 참자기의 멸절을 피하기 위해 전체 자기를 파괴시키는 것이다. 자살이 참자기를 배신하는 것에 대한 유일한 방어라고 생각될 때, 자살을 조직화하는 것은 거짓자기의 몫이 된다. 물론 자살은 거짓자기의 파괴를 포함하며, 동시에 그 거짓자기가 존재해야 할 필요성 그 자체를 없애 버린다. 이 수준에서 거짓자기의 기능은 모욕으로부터 참자기를 보호하는 것이다. 이처럼 건강하지 못한 거짓자기 환자의 성격 분석에서 정신분석가에게 결정적인 치료의 기회가 주어진다. 그것은 분석가가 환자의 참자기와 접촉하기 시작하는 단계에서 환자는 반드시 극단적인 의존의 시기를 거친다. 분석가는 분석 실제에서 이 시기를 종종 간과한다. 이때 환자는 질병을 앓거나 또는 다른 방식으로 분석가에게 거짓자기(아기를 돌보는 사람) 기능을 인수받을 수 있는 기회를 준다. 그러나 분석가가 그 시점에서 무엇이 일어나고 있는지를 알아채지 못한다면, 결과적으로 다른 사람들이 그 환자를 돌보게 되고 환자는 그 사람에게 의존하게 됨으로써, 분석가는 귀중한 치료의 기회를 놓쳐 버린다. 이런 식으로 의존적이 되는 환자들의 욕구들에 응해 줄 수 없는 분석가들은 거짓자기 유형의 환자를 받지 않는 것이 현명하다고 위니캇은 말한다.[107]

관상기도는 사람들을 영광스럽게 하기 위한 것이 아니고 우리의 연약함을 견디어 내도록 도와주는 것이다. 해석을 넘어서, 경계선 환자들의 욕구에 부응해 주는 위니캇의 정신분석은 관상기도의 이해와 실천에 적용된다. 환자와 정신분석가가 친밀해지고 신뢰관계가 형성되면 전이에서 의존으로 심각한 고착을 보이게 된다. 이에 대해서 적절한 시기에 주어지는 이런 중요한 사실에 대한 지적은 환자의 참자기와 의사소통을 할 수 있는 길을 열어 준다. 마찬가지로, 관상기도를 통해 하나님에 대한 우리의 신뢰가 깊어지면, 자신의 인격 속에 숨어 있던 어두운 면을 인정할 능력이 각자의 알맞은 리듬 — 나를 만나고 싶고, 나를 찾고 싶은 대면의 준비가 된 만큼 — 에 따라서 생긴다.

좋은 정신치료자는 환자가 자신의 고통스러운 내면을 상대할 능력이 생길 때까지 기다린다. 하나님도 마찬가지이다. 겸손과 신뢰가 깊어지면 인격의 어두운 면을 더 쉽게 인정하게 된다. 결국 자신의 인간적 가난함과 무기력함의 중심에 다다르

---

107) 도널드 위니캇, 『성숙과정과 촉진적 환경』 이재훈 역, (서울: 한국심리치료연구소, 2000) pp.202-219.

게 되고 거기에 다다른 것을 즐겁게 생각하게 된다. 그때에 우리는 하나님의 창조적 활동의 자유 속으로 들어가는데, 그 이유는 거기에서 자신의 인격이나 재주에 대해 이기적이거나 집착적인 태도를 더 이상 가지지 않기 때문이다. 우리는 이제 완전히 하나님의 손에 맡겨진다. 이때 내적 자아가 바로 기도의 목표가 된다. 우리가 좋아하는 걸 하는 자유가 아니라 하나님께서 원하시는 것을 하는 자유, 참자아로 사는 그리고 그리스도 안에 변형되는 자유, 바로 그 자유가 기도의 목표이다.108)

그때 심리적인 경험을 초월하여 하나님을 신뢰하는 법을 배운다. 그리하여 우리 자신의 어두운 구석을 대면하고, 떠나보내는 용기를 더욱 강하게 갖게 되면서, 우리가 이성의 시기 이전에 구축했던 정서적 구조를 부수는 일에 스스로 적극적으로 참여하기 시작한다. 우리는 내면에 있는 세상적인 것으로부터 완전히 도망칠 수 없지만, 그것들을 인정하고 대면할 수 있게 된다. 그리고 우리의 행동 동기가 자아 중심으로부터 나와서 하나님의 사랑 안에서 작용하도록 하나님께 자신을 내어 드리는 것은, 변형하는 일치(transforming union)로 부르시는 하나님께 응답하는 것이다.109) 그러나 관상기도를 통해서 변형하는 일치의 과정으로 계속해서 나아갈 수 있는 것은 자신의 의

---

108) 토마스 키딩, 『마음을 열고 가슴을 열고』 엄무광 역, (서울: 성바오로, 1999) pp.148-149.
109) 토마스 키딩, 『관상기도를 통해 하느님께 나아가는 길』 엄무광 역, (서울: 가톨릭출판사, 1999) p.31.

지와 수덕(修德)에 의해서 가능한 것이 아니다. 그것은 죄인임에도 불구하고 나를 용납해 주시는 하나님의 뜨거운 사랑에 사로잡혔기 때문이다. 이렇게 성령께서 주도하시는 주부적(注賦的) 관상기도는 안아주기와 관련된다.

3. 관상기도와 안아주기

성령께서 활동하는 주부적(infused) 관상기도는 위니캇의 안아주기로 이해할 수 있다. 엄마는 자신의 아기와 동일시하는 능력으로 인해, 위니캇에 의해 '안아주기'라는 용어로 집약된 기능을 충족시킬 수 있다. 안아주기는 "점차 자기를 경험하는 존재가 되기 위한 기초"이다. 삶의 흐름이 시작되는 순간부터 그 흐름을 깨지 않으려면 신뢰할 수 있는 안아주기 환경의 특징이 되어야만 한다. 안아주기는 "태아기 상태의 특성을 가지고 있는 생리적 제공"에서부터 출발하며 또한 이것의 연속이다. 심리적 의미에서 안아주기의 기능은 자아-지원을 제공하는 것, 특히 자아의 통합이 성립되기 이전인 절대적 의존기에, 아기에게 자아-지원을 제공하는 것이다. 통합의 성립과 자아-관계성 발달은 둘 다 충분히 좋은 안아주기에 달려 있다. 안아주기는 생리적인 것과 심리적인 것이 아직 구별되지 않거나 혹은 구별되어 가는 과정에 있는 아주 초기에 "특히, 사랑의 한 형태로서 육체적으로 유아를 안아주는 것"을 포함한다. 그럼에도 불구하고 안아주기는 또한, '함께 산다는 개념에 앞서는', 즉 유아가 다른 사람과 관계를 맺는 독립된 사람이 되기 이전의, '전체적인 환경제공'을 포함하는 개념이다.110)

충분히 좋은 어머니는 유아의 전능성에 응해 주면서 어느 정도 그것을 의미 있게 해 주는 어머니이다. 어머니는 이것을 반복한다. 어머니가 유아로 하여금 전능성을 경험할 수 있게 해줄 때, 참자기는 유아의 약한 자아에게 힘을 주게 되고, 유아는 자신의 삶을 갖기 시작한다. 반대로 충분히 좋은 어머니가 아닌 경우에, 그 어머니는 유아의 전능성 경험을 돕지 못하며, 반복해서 유아의 몸짓에 응해 주지 못한다. 대신에 어머니는 유아의 몸짓을 자기 자신의 몸짓으로 대체하는데, 유아는 어머니에 순응하여 어머니의 몸짓을 자신의 것처럼 받아들인다. 유아의 이런 순응은 거짓자기의 가장 초기 단계이며, 이것은 유아의 욕구들을 감지하지 못하는 어머니의 무능력에서 비롯되는 것이다. 유아의 자발적인 몸짓이나 감각적인 환각에 대해 어머니가 거듭해서 성공적으로 대응해 주는 일 없이는 참자기가 살아 있는 현실이 될 수 없다는 것이 위니캇의 핵심이론이다.111)

비록 위니캇의 이론에서 '안아주는 시기'가 융합 단계 혹은

---

110) 마델레인 데이비스 & 데이빗 월브릿지,『울타리와 공간』이재훈 역, (서울: 한국심리치료연구소, 1997) pp.124-125.
111) 도널드 위니캇,『성숙과정과 촉진적 환경』이재훈 역, (서울: 한국심리치료연구소, 2000) pp.210-211.

절대적 의존 단계와 같은 시기라 할지라도, 자아 지원은 성장하는 아이, 청소년과 성인의 시기에서도 혼란이나 해체의 위협을 당하는 긴장이 있을 때면 언제든지 필요하다.112)

관상기도의 침묵을 통해서 하나님의 가슴에 안기는 것은 위니캇의 안아주기의 역동성과 유사하다. 교의(Dogma)상 죄인된 우리가 관상기도를 통해 우리 중심에 하나님 임재를 경험할 수 있는 것도 하나님의 자비(慈悲) 때문이다. 그 사랑에 안겨 우리가 중심에 다다르면 무슨 일이 생기는가? 하나님의 현존을 가릴 만한 정크(junk)가 더 이상 남아 있지 않기 때문에 하나님과 일치를 이루고 있다고 생각한다. 우리 믿음은 하나님께서 우리를 기다리신다는 것을 믿는다. 이것이 바로 하나님의 내재(divine indwelling)를 뜻하는 것이다. 우리가 수련을 중단하지 않고 계속하면, 하나님의 현존은 영원히 숨은 채로 머물러 있을 수는 없다.

또 성령은 우리의 전 인생 역사를 조사하려고, 한 층씩 파 내려가면서 정크(Jank)들은 던져 버리고 인간의 각 발달단계에서 적절한 값어치 있는 것들은 보존한다. 우리의 연대(年代)를 차례대로 따라가지 않고 성령은 우리 인생의 단계를 거꾸로 파 내려간다. 노년기, 위기의 중년기, 청장년기, 사춘 후기, 사춘 전기, 청소년기, 아동 후기, 아동 전기, 유아기, 출생시기,

---

112) 마델레인 데이비스 & 데이빗 월브릿지, 『울타리와 공간』 이재훈 역, (서울: 한국심리치료연구소, 1997) p.127.

심지어 출생 전 시기까지 거슬러 올라간다. 이 순서는 일반적으로 우리 정신의 정서적 연대기와 상응한다. 가장 깊고 가장 어렸을 때의 상처들이 가장 힘들여 억압되는 경향이 있다. 성령은 마침내 가장 어린 시절의 정서적 삶의 바닥을 파기 시작하는데, 여기에는 거부되었다는 감정, 불안전감, 애정의 결핍 혹은 실제적인 신체적 충격들이 처음으로 경험된 곳이다. 그 당시에는 분노, 공포, 슬픔 등과 같은 원시적 정서만이 가능한 반응들이었기 때문에 가장 원시적인 감정들이 의식 속으로 들어온다.

그러기 때문에, 하나님이 우리를 기다리시는 중심을 향해서 나아갈 때, 우리가 잘못된 길로 가고 있다고 느끼는 것은 자연스러운 일이다. 이것은 우리들의 인생 초기에 있는 정서적 아픔을 다루기 위한 방어수단으로 고통을 감수하면서 쌓아 온 가치관이나 세계관과 함께 거짓자아가 축소되는 경험들을 하는 것이다.113) 이처럼 관상기도는 공격성을 통합하고 참자기를 경험할 수 있도록, 안아주는 환경(holdging environment)을 제공한다.

---

113) 토마스 키딩, 『하느님과의 친밀』 엄무광 역, (서울: 성바오로, 1999) pp.106-110.

나. 관상기도와 안아주는 환경의 관계

관상기도를 통한 정화와 조명과 일치는, 영혼의 성숙과 믿음의 성장과 관련된다. 영혼이 회복되고 믿음이 성장할 수 있는 것은, 우리의 과거의 아픈 기억과 그로 인한 고착으로 멸절과 상실 불안의 상상들을 통합할 수 있는 기회가 관상기도를 통해 주어지기 때문이다. 구도자가 관상기도 수련을 통해 성숙하는 과정은, 유아가 출생하면서 몸과 마음이 성장하고 성숙하는 과정과 같다.

우리의 영적 여정을 이해하기 위해서는 유아의 성장과 심리적 성장에 대한 심층심리학적 이해를 필요로 한다. 유아의 생물학적 출생과 심리적 탄생은 시간적으로 일치하지 않는다. 생물학적 출생은 극적이고 관찰 가능하며 경계가 명확한 사건인 반면, 심리적 탄생은 아주 서서히 진행되는 정신내적 과정이다. 심층심리학에서 한 개인의 심리적 탄생은 분리 – 개별화 과정이라고 부른다.114) 정상적인 분리 – 개별화 과정은 발달적으로 정상적인 공생기 다음에 시작되며, 아동은 어머니를 정서적으로 활용할 수 있는 상황에서만 분리된 정신기능을 성취한다. 아동은 대상 상실이라는 위협에 계속적으로 직면하게 된다.(이것은 성숙과정의 모든 단계에 해당된다) 그러나 외상적

---

114) 말러·파인·버그만 공저, 『유아의 심리적 탄생』 이재훈 역, (서울: 한국심리치료연구소, 1997) pp.17 – 18.

(traumatic) 분리의 상황과는 대조적으로, 이러한 정상적인 분리-개별화 과정은 독립적인 기능의 등장을 위해 발달적으로 준비된 상태에서 그리고 그것을 즐기는 상황에서 일어난다.

위니캇이 말하는 돌봐 주는 사람의 '안아주기'와 '모성적 몰두'는 공생적 조직자 또는 개별화와 심리적 탄생을 위한 '산파'라고 간주될 수 있다.115) 성숙과정을 통해 공격성이 통합되고, 건강한 거짓자기가 구조(構造)되면서도 참자기의 활기를 잃지 않는 것은 '안아주기'와 '일차적 모성몰두'라는 촉진적인 환경이 주어졌기 때문에 일어난 정신역동의 결과이다. 이러한 안아주는 환경(holding environment)에서 일어나는 정신역동은, 관상기도 중 나의 모든 과거 기억들(기쁘고 밝은 일뿐만 아니라, 슬프고 어두운 일)을 안아주시는, 하나님과 친밀한 나의 모든 상상들이 관상기도를 통해, 예수 그리스도의 십자가 사건을 통한 일차적 모성몰두를 경험하도록 이끈다.

1. 관상기도와 성숙과정을 위한 촉진적 환경

관상기도는 영혼의 치유와 성숙을 위한 촉진적 환경을 제공한다. 박탈이 비행으로 이어지는 청소년들의 반사회적 행동에 대한 정신분석학적인 견해는, 관상기도를 통해서 우리의 믿음이 성장하도록 지도하는 영적 지도자가 자신의 역할을 잘 수

---

115) Ibid. p.77.

행하기 위해서 지니고 있어야 할 이해, 영혼의 역동성에 대한 이해를 잘 설명해 준다. 비행 아동에게 필요한 것은 교훈이 아니라 '환경'이다. 늘 그렇듯이 오늘날에도, 비행아동은 자신을 보살펴 주고 수용해 주는 것과 자신에게 도움을 주는 사람을 절실히 필요로 하면서도 막상 그것을 찾았을 때에는 있는 힘을 다하여 파괴해 버린다. 이때에 이 아동을 포용하는 환경, 즉 인간애를 느낄 수 있으면서도 견고한 환경을 어떻게 유지할 수 있느냐 하는 것이 우리의 과제로 남는다. 위니캇은 자기중심적이고 변덕스러운 아이들에게 오랜 기간 시달리는 치료사들이 건강을 유지하면서 아이들과 함께 지낼 수 있도록 도왔다. 지도자는 삶의 자세를 말로 가르칠 수 없으며, 삶의 관계 속에 직접 동화되어야만 아이들이 삶의 자세를 배울 수 있다는 중요한 사실을 경험에서 배운다. 비행이 시작된 아이들에게는 임상치료 이상의 그 무엇인가가 필요하다. 그것은 다름 아닌 '보살핌과 관리'(care and management)이다.116)

공격성 그로 인한 죄책감 그리고 회복의 역동에 관한 주제는 단순하고 명백한 것처럼 보인다. 즉 인간의 내면에 대상을 파괴하려는 생각이 생기고, 그 뒤를 이어서 죄책감이 나타나며, 그다음에 건설적인 활동이 일어난다는 것이다. 그러나 그것은 실제로 훨씬 더 복잡한 과정으로 이루어져 있다. 이 과정

---

116) 도널드 위니캇, 『박탈과 비행』 이재훈 역, (서울: 한국심리치료 연구소, 2001) pp.8-12.

에 대한 포괄적 서술에서 기억해야 할 사실은, 개인 정서 발달의 성취를 통해서 이러한 단순한 연속 과정이 의미를 갖게 된다는 것이다.117) 공격성이 죄책감에 고착되지 않고 성숙하여 사랑과 증오를 통합하고 회복될 수 있는 것은 안아주는 환경 속에서만 일어나는 상생(相生)의 생명 – 역동이다.

관상기도를 통한 영적 지도는 성숙을 위한 촉진적 환경이 될 수 있다. 하나님께 대한 신뢰가 자라나면서, 더욱 하나님으로부터 사랑을 받고 있다는 경험을 할 때에, 더욱 자신의 성격의 어두운 면을 대면할 수 있는 능력도 그와 비례하여 증가한다. 자신이 하나님에게서 사랑을 받고 있음을 알고 있을 때에는 모든 자기 방어가 무너진다. 그러나 기도에 어려움이 생길 때에, 영적지도를 받는 사람은 그 수련에 계속 정진하도록 격려되어야 하고, 다른 방법을 찾아 헤매는 일이 없게 해야 한다. 지도자는 피지도자가 나아가는 대신에 점점 나빠지고 있다는 인상을 주어도 겁먹는 일이 없이, 그 피지도자에게 이 과정에 대해 마음을 편히 갖고 신뢰를 갖도록 하는 데 필요하고 중요한 격려를 해줘야 한다.

무엇보다도 영적인 지도는, 지도받는 사람의 현재의 처지에서 다루어져야 한다. 영적인 여정에서 많이 앞서간 사람들에게는, 우정으로 하는 이해와 지원(안아주는 환경)이 영적 지도자가 줄 수 있는 최고 선물이다. 영적 지도자는 어두운 밤과 수

---

117) Ibid. p.93.

동적 정화의 경험에 대한 자신의 경험 범위 안에서 남에게 도움을 줄 수 있다. 같은 도정을 지나가 본 사람이 주는 용기와 확신 그리고 자신의 경험이 하나님께로부터 왔다는 확실한 타당성은, 경험 있는 지도자만이 줄 수 있는 것으로서 아주 커다란 선물이다. 가장 좋은 영적지도는 피지도자가 종래에 가서 모든 문제에서 더욱 세련되고 섬세한 성령의 지도에 따를 수 있게 성장하도록 도와주고 힘을 주도록 목표를 두는 것이다. 지도자는 영적 여정에서 동료 여행자이며 친구가 되어 주고, 지도자와 피지도자는 서로 사랑 안에서 대화를 나눈다. 진실들을 말하는 것만으로는 마음에 거슬릴 수 있다. 그러나 사랑 안에서 진실을 말하는 것은 서로를 지탱해 준다.118)

이처럼 관상기도를 통해 영혼이 성숙하도록 안아주는 환경은 두 가지이다. 하나는 관상기도의 침묵 가운데 하나님과의 친밀함을 통해 성령님께 안기는 것이다. 또 다른 환경은 영적 지도를 받는 사람이 자신의 기도 경험을 나눌 때, 영적 지도자의 태도가 안아주는 환경이 될 수 있다. 이때 안아주는 환경으로서 영적 지도자에게 먼저 선행되어야 하는 것은, 자신의 영혼이 먼저 정화되고 인격이 성숙되어야 한다는 것이다. 그렇지 않으면 안아주는 환경으로서 역할을 수행해 내지 못한다. 가령 성령의 인도하심이 아닌, 자신이 보기에 좋은 대로 영적지도를

---

118) 토마스 키딩, 『하느님과의 친밀』 엄무광 역, (서울: 성바오로, 1999) pp.141-145.

행한다면 그것은 가바드(Glen. O. Gabbard)가 말한 자기애성 인격장애(과민형 자기애)에서 나오는 오염된 에너지에 불과하다. 그것은 피지도자를 영적인 성숙으로 이끄는 안아주는 환경이 되지 못할 뿐만 아니라, 자기애성 인격장애 상태에 있는 영적 지도자 또한 탈진(burnout)상태에 이르게 된다. 결국 영적 지도자는 안아주는 환경을 제공하지 못함으로 인해서 피지도자에게 중간 영역을 제공하지 못하게 된다.

2. 관상기도와 중간영역

위니캇의 중간영역에서 발생하는 창조성에 대한 개념은 관상기도의 역동을 이해하는 데 적합하다. 아동이 환경의 실패로 인해 자신의 전능감이 방해받는 순간에 아동은 완벽한 대상을 '창조할' 필요성을 느끼게 된다. 바로 그 순간에 그 대상이 환경에 의해서 제공된다면, 여기에서 외부세계와 내면세계가 서로 만나게 되고, 이 교차점은 위안과 역설의 '장소'가 된다. 위니캇은 비록 인간이 객관적 세계, 즉 '나 아닌' 세계를 받아들이는 방향으로 발달해야 하지만, 인간은 또한 내적 현실과 외적 현실을 구별할 필요가 없는 휴식 순간도 필요로 한다고 믿었다. 유아와 어머니 사이에서 발생하는 상호적 창조성의 영역을 가리키는 잠재적 공간이 일단 확립되고 사용되면, 그것은 생명력 있는 상호 주관적 공간이 된다. 이 잠재적 공간 '안에

서', '내부'와 '외부' 사이에 상호작용이 발생한다. 처음에는 중
간대상들이 나타나고, 그 후에 더 많은 발달과 내재화가 이루
어지면서 상징적 놀이와 창조적 및 미적 경험을 할 수 있는
역량이 나타난다. 비교적 유동적인 자기와 변화하는 현실 간의
역동적 균형 상태를 가리키는 중간 영역은 내적 세계와 외적
세계 간의 상호작용으로, 또는 일차 과정과 이차 과정 간의 상
호 작용으로 이해할 수도 있다. 중간대상과 현상은 이 과정이
외적으로 표현된 것이다.[119]

중간 영역에서 창조된 중간대상은 상실에 대한 반응이다. 중
간대상은 의존과 분리에 대한 인식에서 야기된 분리불안과 낯
선 이의 불안을 완화시켜 준다. 유아는 멸절 불안에서 대상 상
실에 대한 불안으로 옮겨 갔음을 가리킨다. 중간대상의 역설은
그것이 현실적이지도 망상적이지도 않다는 것이다. 그것은 환
각적(illusory)이며, 현실과 무의식적 환상(fantasy) 사이에 있
는 경험의 중간영역이다. 중간대상은 환각 세계로 들어가는 관
문이며, 아동으로 하여금 놀이세계로 들어갈 수 있도록 준비시
켜 준다.[120]

위니캇의 뛰어난 능력은 치료 공간을 중간대상 창조를 위한
공간으로 사용하는 것에 있다. 그는 '조급한 해석'을 환자에게

---

119) 미국 정신분석학회 편, 『정신분석 용어사전』 이재훈 역, (서울:
　　　한국심리치료연구소, 2002) pp.318-327.
120) 프랭크 써머즈, 『대상관계 이론과 정신병리학』 이재훈 역, (서
　　　울: 한국심리치료연구소, 2004) pp.217-219.

서 '훔치는 행동'이라고 불렀다. 위니캇의 기본적인 치료 원리 중 하나는 환자 스스로가 해석을 한다면, 해석의 치료 효과는 크게 향상된다는 것이다. 그는 그러한 해석 과정에서 환자들은 자기의 창조를 향해 한 발자국 내딛을 수 있다고 믿었다. 탐색은 산만하고 형태 없이 기능하는 것에서, 또 중립적인 영역 안에서 발생하는 초기 형태의 놀이에서만 시작될 수 있다. 이런 상태에서만, 즉 통합되지 않은 인격 상태에서만, 우리가 창조적이라고 부를 수 있는 것이 출현할 수 있다. 그 순간에 출현하는 그것이 반영된다면 그리고 '반영될 때'에만, 그것은 개인 인격의 부분으로 조직화되며, 궁극적으로 한 개인의 존재로서 발견된다. 그리고 그럼으로써 자기의 존재를 가정할 수 있게 한다.121)

위니캇이 치료 공간을 중간대상 창조를 위한 공간으로 사용한 것처럼, 관상기도(apophatic)의 침묵의 공간도 창조를 위한 중간 영역의 역할을 수행할 수가 있다. 십자가의 요한은 "하나님 아버지께서 모든 영원으로부터 한 말씀을 하시며 이 말씀을 침묵 속에서 하신다. 그리고 우리는 이 침묵 속에서 그 말씀을 듣는다122)"라고 했다. 이런 말을 빌리면 침묵이 하나님의 첫 번째 언어이고, 나머지는 모두 유치한 번역이라고 볼 수

---

121) Ibid. pp.253-254.
122) 토마스 키딩, 『하느님과의 친밀』 엄무광 역, (서울: 성바오로, 1999) p.73.

있다. 우리가 침묵 가운데 진정으로 하나님에게서 영감을 받은 일을 시작하는 것은 '하나님 밖에 있는 자아'라는 서양적인 모델이 아니고, '하나님 안에 있는 자아(self)'와 '자아(self) 안에 있는 하나님'인 것이다. 영성의 성서적 모델에 따르면 성령은 우리 안에 계시면서 모든 좋은 일을 하도록 영감을 주는 원천이 되며, 우리는 그것에 동의를 할 뿐이다.123) 관상기도 (apophatic)를 통한 침묵 가운데 기도할 수 있는 힘은 임마누엘 하나님, 과거의 하나님도 아니고 미래의 하나님도 아닌, 지금 여기(here & now) 나와 함께하시는 하나님을 지향하는 믿음에 나온다.

이러한 믿음이 위치하는 곳은 현실과 무의식적 환상 사이에 있는 경험의 중간 영역이다. 이 위안과 역설의 장소인 중간 영역에서 창조성을 발휘하게 되고, 하나님을 내재화하는 믿음이 성장할 수 있다. 중간영역은 인간이 내적 현실과 외적 현실을 구별할 필요가 없는 휴식의 순간을 통해서 위안을 주듯이, 관상기도의 침묵의 공간은 내부 세계와 외부 세계의 상호작용이 발생하게 할 뿐만 아니라, 하나님과 친밀한 관계를 통해 영혼과 하나님의 생명력 있는 상호주관적 공간이 될 수 있다. 또 중간현상이 유아의 심리적 탄생과 분리 개별화 과정의 조직자가 되듯이, 관상기도는 하나님과 변형하는 일치를 통해 우리의 영혼을 새롭게 조직화시키는 중간현상(근저형성)이 된다.

---

123) Ibid. pp.33 – 34.

3. 관상기도와 중간대상, 중간현상

중간대상과 현상은 관상기도 중 예수 그리스도를 통한 하나님의 사랑을 내재화하는 영혼의 역동을 그려 낼 수 있다. 중간대상과 현상은 중간영역(intermediate area)의 과정이 외적으로 표현된 것이다. 그것들은 분리-개별화 과정을 위한 정신적 조직자로 기능할 수 있다. 중간대상(Transitional Object)은 유아가 갖게 되는 최초 소유물로서, 스트레스 상황이나 잠자러 갈 때 또는 일차적 애정 대상으로부터 감정적으로 분리해 가는 과정에서 사용하는 보통 부드러운 담요나 장난감 등의 물건을 가리킨다. 이것은 어머니에 대한 환각을 유지시켜 준다. 어머니는 자신의 통제 아래 있지 않지만 중간대상은 자신의 통제 아래 있기 때문이다. 그리고 중간현상(Transitional Phenomenon)은 소리 또는 전적으로 외부현실에 속하는 것으로 인식되지 않는 물건을 포함한다. 원 애정 대상으로부터 리비도가 전치됨으로 해서 이런 소리나 물건들은 이후의 삶에서 과잉 집중되고 과잉 상징화된 어머니 대리물로서 기능한다. 이것들은 자기 충족성 느낌을 제공해 주고 대상 상실에 대한 불안과 유기 불안을 막아 준다. 이것은 사랑과 위로와 안정을 주는 어머니의 환각을 보존해야 할 필요라는 대상관계의 딜레마를 해결하려는 자아의 시도를 가리킨다. 이전에 확립된 대상의 항상성과 사랑이 의심스러워질 때, 자아의 특질과 기능들 그리고 특정 활동들은 걸음마 아동이 담요나 그와 유사한 대상에게 대대적으로 리비도를 집중하고 그것에 대한 배타적인 소유권을 주장하는 보다 일반화된 현상으로 변형되어 나타날 수 있다. 결국 중간대상과 현상은 어머니에 대한 양가적인 경험을 수정하는 역할을 한다. 그것들은 자기와 세계 사이에 경계를 세우는 일을 도울 수 있다. 그리고 그것들은 스트레스 상황과 잠을 자는 동안, 보다 취약하고 쉽게 퇴행하는 신체 이미지를 지원해 줄 수 있다.

그러나 충분히 좋지 않은 돌봄으로 인해 중간대상이 강제성을 띠게 될 때에, 그것은 주물(fetishistic)의 특질을 갖는다. 이때 중간대상은 더 이상 건강과 발달을 촉진시키지 못하며 자아, 자기, 또는 신체 이미지에 덧붙여진 '누더기 조각'이 된다. 그는 '충분히 좋은 어머니'(Good Enough Mother)는 자발적 과정이며, 좋은 어머니 되는 안내서에서 배울 수 있는 것이 아니라고 강조했다.124)

관상기도(apophatic)의 침묵 공간과 영적 지도자의 안아주는 태도는 믿음의 대상과 현상을 조직화시켜 준다. 자기 대면의 두려움은 우리를 우리의 중심으로 이끌 수 있다. 두려움은 땀을 흘리게 할 수 있고 춥게 할 수도 있다. 두려움들은 위장을 상하게 할 수 있고 또 심장 박동을 빠르게 할 수도 있다. 두려

---

124) 미국 정신분석학회 편, 『정신분석 용어사전』 이재훈 역, (서울: 한국심리치료연구소, 2002) pp.325 – 328.

움 그 자체는 무서운 것이 아니다. 우리가 두려움을 인정하지 않고 준비되어 있지 않을 때 그것은 더욱 무서운 것이 된다. 두려움이 낳을 수 있는 가장 파괴적인 결과는 그 두려움에 대한 우리의 두려움이다. 기도는 두려움이 마땅히 가야 할 장소를 만들어 주고 그것을 그곳에 위치시킨다. 기도를 하면 두려움을 아주 빨리 직면한다. 기도할 때에 먼저 맞이해야 하는 두려움은 침묵에 대한 두려움이다.

기도는 요동치는 매일의 삶들에 침묵을 준다. 조용히 앉아 있거나 누워 있거나 내면의 침묵을 유지하려 할 때 우리는 끊임없이 소리에 노출되는데, 이것은 우리 내면에서 라디오나 축음기가 끊임없이 연주하고 있는 것과 같다. 때로 우리는 그 시끄러운 소리들이 존재하지 않는 척할 수도 있지만, 기도 속에서는 그렇게 할 수 없다. 기도는 우리로 하여금 우리의 모든 소리를 듣게 해 준다. 처음에 그것은 참신한 것일 수도 있다. 우리는 그 소리를 주목하고 그것으로부터 약간의 거리를 유지할 수 있다. 그때에 우리는 정말로 말하고 있는 소리들을 주의 깊게 들을 수 있고, 그것들이 무엇을 의미하는지 주목할 수 있다.

기도하는 나에게 원초적 언어는 중대한 것이다. 원초적 언어는 기도할 때 우리 안에 존재하는 소망, 희망, 두려움 그리고 자신의 조그마한 지체들에까지 주의를 기울이도록 한다. 우리는 들어야 한다. 그것은 내면에 있는 것들을 정돈시키고 그 결과로 우리에게 자유를 만끽하게 해 준다. 우리는 의지를 가지고 많은 것들을 할 수 있다. 그중에서 가장 좋은 것은 기도할 때에 우리의 의지를 하나님의 의지로 향해 옮기는 것이다. 이 때 우리의 두려움을 완전히 바꾸어 놓는 변화가 일어난다. 아무도 대답하지 않고 아무도 거기에 없을 것이라는 것에 대해 결코 두려워하지 않으면서 우리는 하나님이 가까이 계시며 그가 대답하실 것임을, 지금 경이로움 속에서 인식하고 있다. 우리는 기도 속에서 또 하나의 존재를 느낀다. 두려움이 우리를 그 존재에게로 인도한다. 그다음에 우리는 그 두려움에 대해서도 하나님께 감사드린다.[125] 중간대상과 현상이 유아의 심리적 분리－개별화를 조직하는 것처럼, 비움을 통한 관상기도는 자기 대면의 두려움 속에서도 성령이라는 중간대상과 현상을 통해 우리 영혼에 임마누엘 하나님을 내재화하도록 돕는다.

다. 관상기도의 영성과 정신분석 치료의 접촉점(사회화)

관상기도의 영성을 통해서 형성되는 '새사람'과, 정신분석을 통한 '심리구조의 재형성'은 접촉점이 있다. 우리는 관상기도를 통해 옛 사람과 새사람의 의 갭(gap)을 구체적으로 볼 수 있고, 그 괴리를 극복할 수 있는 실천 능력을 얻을 수 있다. 우리

---

125) 앤 & 배리 울라노프, 『기도의 심리학』 박선교 역, (서울: 도서출판 은성, 2002) pp.83－100.

는 옛 사람에서 새사람으로 변형하는 과정을 너무나 쉽게 간과한다. 그것은 성령의 역사하심에 대한 편협한 견해와 기대, 즉 무지에 머물러 있기 때문이다. 이 무지는 영적인 탐욕(자기애성 인격장애; Narcissistic Personality Disorder - 과민형 자기애)에서 유래한다. 성령의 봉사는 능치 못할 일이 없는 것이 사실이지만 그 특별한 은혜를, 우리는 모든 일상에서 몇 번의 교훈과 권면 그리고 몇 번의 설교와 기도 후에 피지도자가 새사람으로 변화되기를 기대한다. 하지만 그 기대는 빈번한 실망을 낳게 되고, 그 실망은 피지도자를 향한 분노와 관계의 단절만을 낳게 된다. 이러한 탈진은 어디에서 유래하는가, 그것은 영원한 성령의 섬김이 아니고 단순히 영적 지도자의 개인적인 유한한 열정을 통한 사역의 자연스러운 결과들일 것이다. 또 그것은 상생(相生)의 길이 아니다. 그것은 마치 소경이 소경을 인도하는 것과 같은 것이다.

관상기도를 통한 영적 여정은, 영적 지도자로서의 능력을 채우는 과정이기도 하다. 관상기도는 영적 지도자가 수행을 통해서 하나님과의 친밀한 관계를 유지하도록 이끌어 준다. 조던 오먼의 기도의 9단계는 관상기도를 통한 영적 여정들을 잘 설명해 준다. 주부적 관상기도에서는 우리의 지성이 사로잡히게 되고, 더 깊은 수준에서는 우리 의지가 하나님만 향하지만, 그럼에도 불구하고 하나님의 말씀을 나의 마음과 삶에 담지 못하는 원인을 잘 설명해 준다. 그것은 우리 영혼이 마음속 깊이

묻어 둔 어두운 과거의 기억에 사로잡혀 있기 때문이며, 또 멸절과 상실에 대한 불안이 우리의 삶을 끌고 가고 있기 때문이다. 우리의 생각과 의지는 하나님을 향하지만, 우리의 몸과 행동은 그러하지 못한 곤고한 인간의 실존을 이해하지 못한다면, 변형하는 일치의 삶을 추구하는 그 영적지도는 실패에 이를 수밖에 없다.

이 관점에서 위니캇의 심층심리학적 이론은 영적 지도자에게 모범적인 지침이 된다. 특히 그의 안아주는 환경(holding environment)의 의미와 목표를 숙지해야만 한다. 왜냐하면 이것은 영적 지도자가 피지도자의 공격성으로 인해 탈진되지 않으면서도, 피지도자의 공격성을 통합시키고 거짓자기 병리에서 벗어나 영육(靈肉)이 성숙하도록 섬기고 이끌 수 있기 때문이다.

1. 관상기도를 통한 하나님 표상과 정신분석적 하나님 표상

관상기도를 통한 하나님과의 친밀은 '하나님 표상'을 발전시킨다. 신앙인의 종교경험에서 중심이 되는 것은 하나님과의 관계이다. 사랑받고 사랑하는 하나님은 사람들이 실제로 보고 듣거나 만질 수 있는 대상이 아니지만, 믿는 사람의 마음속에는 힘 있게 존재한다. 개인의 삶에 있어서 중요한 사람들과의 관계에 관심을 갖는 정신분석학적 대상관계 이론은 개인의 삶 속에서 다른 중요한 사람들과 갖는 특별한 관계성을 생각하는 것을 통해서, 개인이 하나님과 갖는 관계성에 빛을 비추어 준다. 하나님의 이미지들을 고찰하는 것은, 자신을 위로해 주시고 사랑하는 하나님으로부터 자신과 전혀 관계가 없는 하나님에 이르기까지, 사람들이 얼마나 다양한 하나님 이미지를 갖고 있는지에 대한 이해를 제공해 준다.126) 애너 – 마리아 리주토(Ana – Maria Rizzuto)는 부모와 성숙한 관계를 맺을 수 있는 가능성과 신 표상의 성숙한 관계를 받아들일 수 있는 가능성에 대해서 다음과 같이 이야기한다.

> 만약 부모와 성숙한 관계를 맺을 수 있다는 가능성을 받아들인다면, 신 표상과의 성숙한 관계를 받아들이는 것도 가능할 것이다. 그러나 신 표상이 형성되는 정신적 과정과 그 표상의 사용에 대한 우리의 이해는 그러한 이해 수준을 훨씬 능가한다. 그 표상은 인생의 각 단계에서 행해지는 개인의 전체적인 정신적 변형과 재작업에 관련되어 있다. 성숙한 신앙을 가진 사람들은 그들의 신 표상을 그들의 지적 발달 그리고 대상관계적 발달뿐만 아니라 그들의 정서적, 의식적, 무의식적 상황에 맞도록 새롭게 변형시킨다. …… 프로이트가 이상적이라고 생각했던 종교 없는 인간은 새로운 종류의 인간 존재에게나 해당될 것이며, 아마도 그런 인간은 지금의 문명과는 전

---

126) 마이클 쎄인트 클레어, 『인간의 관계 경험과 하나님 경험』 이재훈 역, (서울: 한국심리치료연구소, 1998) p.35.

혀 다른 새로운 문명에서나 기대할 수 있을 것이다.127)

비록 리주토가 프로이트의 이론적 토대 위에 있음에도 불구하고, 그녀는 사실상 프로이트를 넘어서고 있다. 그녀는 하나님 표상을 특정 발달 단계에 굳어진 일종의 화석으로 이해하는 프로이트의 하나님 표상 개념과 다르게 이해한다. 삶의 주기에 따라서 개인의 하나님 표상은 변형과 변화를 거칠 수 있다. 이후 발달 단계들에서 개인의 하나님 표상은 개인이 자신의 부모와 자신에 대한 표상들을 계속해서 수정하는 동안에도 변화되지 않고 그대로 남아 있을 수도 있다. 하나님 표상이 일반적 자기 표상의 변화들에 보조를 맞추어 수정되지 않는다면, 그 하나님 표상은 오래지 않아 성장하는 자기 상(像)과 접촉을 상실하고, 따라서 우스꽝스럽거나 부적합한, 또는 반대로 위협적이고 위험한 어떤 것으로 경험될 수 있다.

리주토는 하나님 표상을 아이의 진정한 창조물인 '상상 속의 존재'로 보고 있다. 그녀는 이 새롭고 독창적인 표상은 실제 부모가 제공해 주는 것보다 더 큰 위로와 평안을 주고, 영감과 용기를 불러일으키는 다양한 요소들을 가지고 있다고 이해했다. 그녀의 논리는 우리로 하여금 종교현상에 대하여 아동기의 외상(trauma)으로 인한 반응이거나 또는 아버지 신이나 어머

---

127) 애너-마리아 리주토, 『살아있는 신의 탄생』 이재훈 역, (서울: 한국심리치료연구소. 2000) pp.92-105.

니 신에 매달리는 것이 아닌가 하고 의심하게 하는 유아적이고 퇴행적인 형태의 신앙과는 다른, 건강한 보통 사람들이 믿는 하나님 신앙에 대해서 설명해 준다. 리주토는 우리 마음속의 창조물인 환상적 중간대상이라는 위니캇의 개념에 의거하여, 하나님의 표상에 대한 이해가 어떻게 종교 경험의 분석에 빛을 주는지를 증명하였다. 그리고 리주토가 정신분석학적 기술과 이론을 사용해, 하나님이 살아 있는 사람의 내면세계 안에서 어떻게 기능하는지를 이해하도록 한 것은 매우 중요한 공헌이다.128)

관상기도 집중 수련 효과는 자기 개념과 하나님 이미지(표상) 변화를 가져온다. 권명수는 "관상기도 집중 수련의 효과에 대한 경험적 연구; 자기 개념과 하나님 이미지 변화를 중심으로"에서 임상적 자료를 토대로 이것을 논증하였다. 조용히 앉아 침묵 가운데 기도하는 관상기도에 대해 회의적인 사람들에게 이 기도의 효과를 좀 더 자신 있게 주장할 수 있는 과학적 근거를 확보했다는 점에서 이 연구의 의의가 있다. '하나님께 기도하라'는 교회의 지도자들로부터 전통적으로 내려오던 가르침에 머물지 않고, 대상관계 이론을 토대로 한 설문을 통해, 개인이 지니고 있는 하나님 이미지가 불변한 것이 아니라, 기도 실천과 성령님의 활동과 은혜로 말미암은 경험과 깨달음으

---

128) 마이클 쎄인트 클레어, 『인간의 관계 경험과 하나님 경험』 이재훈 역, (서울: 한국심리치료연구소, 1998) pp.42-48.

로 변화되고 성숙한 하나님 상(像)을 갖게 될 수 있음을 보여
주었다. 또한 그는 한국교회의 간구하는 기도들과 주님의 음성
을 들으려는 기도가 균형을 이룰 것을 권면하고 있다.129) 그
의 연구는 관상기도의 실천성을 잘 보여주고 있다.

2. 관상기도를 통한 내재화와
정신분석을 통한 대상항상성

하나님과 일치를 지향하는 관상기도는 하나님과의 친밀을
통해 하나님을 내재화시킨다. 이러한 영혼의 통합의 과정을 이
해하기 위해서는 유아가 어머니를 내재화시키는 대상항상성
과정과 그로 인해서 홀로 있을 수 있는 능력을 지니게 되는
것을 살펴보는 것이 필요하다.

위니캇의 안아주는 환경(holding environment)은 어머니를
내재화하는 대상항상성(object constancy)을 형성시킨다. 이것
은 아동의 대상관계의 질적 발달 과정을 설명하기 위해 하트
만(Hartman)이 도입한 개념이다. 애정 대상의 이미지가 "욕구
상태와는 독립적으로" 안정적이고 영구적으로 정신 안에 자리
잡게 되는 것을 말한다. 하트만의 대상항상성 개념 안에는 인
지적 요소와 욕동적 요소가 모두 포함된다. 인지적 측면에서

---

129) 권명수, "관상기도 집중 수련의 효과에 대한 경험적 연구"『신학
　　연구』제45집, (2004) pp.230-231.

볼 때, 대상항상성은 대상이 없을 때에도 대상의 정신적 표상이 지속되는 상태, 즉 대상 영속성의 상태를 말한다(Piaget). 또 대상항상성을 성취하려면 공격적 욕동과 리비도적 욕동이 어느 정도 중화되어야 한다. 대상항상성은 무엇보다도 대상에 대한 안정적인 인지적 표상을 필요로 한다. 이것에 이어, '좋은' 정서와 '나쁜' 정서가 통합되어야 한다.(Jacobson & Mcdevitt) 대상항상성이 성취되었을 때, 어머니의 표상으로 인해 생기는 긍정적인 감정들은 어머니가 없을 동안에도 실제로 있을 때와 똑같은 안정감과 편안함을 제공한다. 말러는 "우리가 대상항상성을 이야기할 때 이는 실제 어머니가 생명의 유지, 편안함, 사랑을 위해 사용했던 것과 똑같은 방식으로 심리내적으로 어머니의 이미지를 사용할 수 있게 되는 것을 의미한다"고 언급했다. 버그너와 에드큠브(Burgner & Edgcumbe)는 리비도적 대상항상성의 성취와 함께 어머니와 아동의 관계는 더욱 안정적이고 견고해지며, 좌절 경험이나 만족 경험에도 불구하고 지속성을 갖는다고 덧붙였다.[130]

정서적 대상항상성은 애정대상이 부재하는 동안 그 표상을 유지하는 것 이상으로 더 많은 것을 의미한다. 그것은 또한 '좋은' 대상과 '나쁜' 대상의 표상을 하나의 전체적 표상으로 통합시켰음을 나타낸다. 이것은 공격적 욕동과 리비도적 욕동

---

130) 미국 정신분석학회 편, 『정신분석 용어사전』 이재훈 역, (서울: 한국심리치료연구소, 2002) pp.111 - 112에 재인용.

의 통합을 촉진시키고, 대상에 대한 증오를 완화시킨다. 마지막 발달단계(약 생후 3년)인 이 시기는 극히 중요한 정신내적 발달을 이룩하는 기간이며, 이 기간에 아동은 안정된 실체(자기 경계)의 느낌을 획득한다. 또한 원초적 성 정체감의 공고화도 이 단계에서 일어나는 것으로 보인다. 호퍼(Hoffer)는 대상 항상성이란 대상관계 발달의 마지막 단계에 속한 것으로 간주해야 한다고 주장한다. 그것은 공격적 및 적대적 욕동의 변천과 특별한 관련성을 갖는다. 대상항상성을 성취한 상태에서는 설령 애정대상이 더 이상 만족을 주지 못하더라도, 아동은 그 애정대상을 거부하거나 다른 것으로 교체하지 않는다. 그리고 이 상태에서 아동은 대상을 계속 추구하며, 그곳에 있지 않다는 이유만으로 불만족스러운 것으로 취급하거나 거부(증오)하지 않는다.131)

안아주는 환경에 의해서 대상이 내재화되듯이, 기도는 우리를 하나님과의 관계로 열어준다. 그것은 적어도 다른 사람의 관계처럼 특별하고 다양하다. 그것은 관계된 사람들이 변할 때에 함께 변한다. 우리는 사랑하는 연인을 소유하려 할 때처럼 어두움 속에서 하나님을 향한다. 사랑하는 사람을 받아들이거나 자신에게 이끄는 연인처럼, 그리고 그가 도달할 수 있는 모든 것을 만지는 사람처럼 우리는 하나님에 의해 활짝 열려져

---

131) 말러·파인·버그만 공저, 『유아의 심리적 탄생』 이재훈 역, (서울: 한국심리치료연구소, 1997) p.170.

내면과 우리의 구석구석이 만져진다.132)

  이런 과정을 통해 내재화된 하나님 표상은, 영적 지도자의 경험에 따라 다양하게 표현된다. 아빌라의 테레사는 '하나님의 비에 의해 적셔지는 정원'에 대해, 십자가의 요한은 '영혼 안에 주입되는 사랑'에 대해, 리처드 롤(Richard Roll)은 '달콤하고 유쾌한 빛'과 '사랑의 환희'에 대해서 말한다. 버나드는 영혼이라는 철을 더 강하고 더 뜨겁게 해서 그것을 그 본래의 모습과 하나님의 것과 가깝게 만드는 '하나님의 사랑의 불'에 대해 말한다. 우리는 자신을 위해서 시작한 기도가 결국은 하나님을 위해서 드리는 기도가 된다. 이러한 내재화는 변형을 이루는 힘을 제공하며, 거룩한 용기도 뒤따르게 한다. 우리는 모든 것을 할 수 있다고 생각하기 때문에 과감히 시도할 수 있다. 그리고 무엇보다 영적인 지도자들이 이미 언급했던 것처럼 우리가 얼마나 무가치한가를 정확하게 보기 위해, 하나님이 누구이며 우리가 누구인가를 생각하는 것만이 필요하다. 그러나 충분한 경험을 가진 신앙인에게도 우리를 훨씬 초월해 계신 그 하나님이 또 여기 우리 안에 계시다는 사실이 남아 있다. 그(내재화된) 하나님에 의하여서 우리가 만들어지고, 움직이고, 성장했으며, 본래의 실체로 엮어졌다. 또한 그 하나님에 의하여 우리가 연합된다.133)

---

132) 앤 & 배리 울라노프, 『기도의 심리학』 박선교 역, (서울: 도서
    출판 은성, 2002) p.161.

이처럼 관상기도를 통해서 하나님의 표상이 내재화될 수 있는 것은 하나님께서 나의 있는 모습 그대로를 받아주시는 자비에 이끌린 자연스러운 열매이다. 이것은 마치 어린 유아가 대상항상성을 통해 내재화가 형성되는 것은, 공격성을 버텨 주는 대상의 안아주는 환경에 의해 이끌린 자연스러운 결과와 같은 정신역동이다.

3. 관상기도를 통한 관상활동과 정신분석을 통한 사회성

위니캇 심층심리학은 그리스도의 삶과 닮아 있고, 관상기도를 통한 하나님과의 친밀과 정신분석을 통한 치료의 목표는 접촉점이 있다. 관상기도를 통해 지향하는 하나님과의 친밀 중에 경험되는 신비체험은, 기도의 종착지가 아니다. 그것은 최종 목표인 관상생활을 위한 과정에 불과하다. 그렇다고 둘의 관계가 분리돼 있는 것도 아니다. 생명에는 들숨과 날숨이 있는 것처럼, 관상기도와 관상생활이라는 출원과 환원의 상호역동적인 관계 속에서만, 우리를 향한 하나님의 얼굴을 대면할 수 있다.

심층심리학은 분리와 상실이 아동에게 미치는 영향과, 아동을 돕는 일이 지닌 특성에 관해 정보를 준다. 이 정보를 통해

___

133) Ibid. pp.185 - 186.

서 우리가 위기를 만났을 때 그 위기에 반응하기(reacted to)
보다는 함께 극복해(lived through) 나갈 때 긴장을 풀 수 있
고 신뢰를 쌓고 새로운 희망을 가질 수 있다. 자기-중심적이
고 변덕스러운 아이들에게 오랜 기간 시달리는 치료사들이 건
강을 유지하면서 아이들과 함께 지낼 수 있도록 돕는다. 무엇
보다도 위니캇과 함께했던 동료들은 삶의 자세는 말로 가르칠
수 없으며, 삶의 관계 속에 직접 동화되어야만 아이들이 올바
른 삶의 자세를 배울 수가 있다는 중요한 사실을 임상을 통해
서 배웠다.[134] 이것만이 박탈에 대한 구조신호인, 증상으로서
비행을 치료자의 마음에 품을 수 있고 그들을 구원, 즉 정서적
성숙에 이르게 할 수 있다. 이렇게 사랑과 증오의 통합은 고도
로 정교화 된 '홀로 있을 수 있는 능력'에 이르게 한다. 홀로
있을 수 있는 능력은 누군가가 곁에 있는 상태에서 홀로 있는
경험에 기초해 있다. 이런 식으로 유아는 약한 자아 조직을 갖
고 있음에도 불구하고, 믿을 수 있는 부모의 자아 지원 때문에
홀로 있을 수가 있다. 이것을 개념화시킨다면 '자아 관계성'이
라는 용어로 표현된다. 자아 관계성의 틀 안에서 원본능 관계
가 자연스럽게 발생하며, 이때 본능은 미숙한 자아를 붕괴시키
지 않고 강화시킨다.[135] 의존으로부터 독립을 향해 가는 과정

---

134) 도날드 위니캇, 『박탈과 비행』 이재훈 역, (서울: 한국심리치료
    연구소, 2001) pp.10-11.
135) 도널드 위니캇, 『성숙과정과 촉진적 환경』 이재훈 역, (서울:
    한국심리치료연구소, 2000) pp.48-49.

인 '자아 관계성'을 통한 홀로 있을 수 있는 능력은 결코 고립을 의미하지 않는다. 위니캇은 정신분석적 심리치료를 통한 인간의 성숙은, 개인적인 성장뿐 아니라 사회화를 의미한다. 건강한 경우 건강은 성숙과 거의 같은 의미이며, 성인은 개인적인 자발성을 크게 희생하지 않으면서도 사회와 동일시할 수가 있다. 한편으로 성인은 실제로 사회를 유지하거나 개선하기 위해 책임을 감당하면서도-반사회적이 아니면서도-자신의 개인적 욕구를 충족시킬 수 있다고 본다. 우리들은 항상 사회적 상황 안에서 존재할 수밖에 없다. 인간에게 있어서 독립은 결코 완전한 독립이 아니다. 건강한 개인은 고립되는 것이 아니라 상호 의존적인 방식으로 환경과 관계를 맺는다.136)

이 정신분석을 통한 심리치료의 목표인 '사회화'는, 관상기도를 통한 하나님과의 친밀이 목표로 하는 '관상생활'의 표현이 기도하다. 기도는 그것에서 솟아난 활동 없이는 혼자 서지 못한다. 또한 활동 없는 관상기도는 침체되게 하고, 관상기도 없는 활동은 지쳐(burnout) 버리거나 한곳을 맴돌게 만든다. 관상기도는 우리가 무엇을 해야만 하는가에 대한 관상적 시각이나 아이디어를 가려 준다. 그것은 그 둘을 한데 묶어 줄 수 있게 하며 우리의 관상적 투신의 정신을 우리 일상생활 안으로 가져올 수 있게 한다.

삼위(三位)는 언제나 우리들 안에 현존하신다. 하나님께 초

---

136) Ibid. p.119.

점을 맞추는 것은 기도 중에만 하는 것이 아니라, 하루 종일 하는 것이다. 우리의 모든 활동은 우리의 중심에서 나오는 것이어야 한다. 관상기도를 통한 '관상생활'은 무엇보다 그리스도 예수께서 우리에게 보여주신 무조건적 사랑으로, 우리가 "다른 사람과 서로 관계 맺어가는 능력"을 말한다.[137]

관상생활도 우리가 예전과 같이 일하고, 약속을 지키고, 우리가 해야 할 일들을 한다. 그러나 그 시간은 예전과는 다르다. 자유롭다. 아무것도 고정돼 있지 않으며 절대적인 것은 없다. 왜냐하면 매 순간은 하나님께서 정하신 대로 움직이기 때문이다. 우리가 은혜와 부합할 때 우리는 우리 본연의 모습(True Self)을 완성하기 위해 하나님에 대한 우리들의 이미지를 가지고 일한다. 기도에 헌신한 위대한 사람들은 복종에서 오는 극적인 느낌으로 특징지어지는 이 과정을 표현하기 위해서 극적인 이미지를 사용한다. 자신에 대해서는 죽고, 하나님에 대해서는 사는 것이 그 복종의 핵심이다.

무엇보다 우리들의 삶은 그리스도의 사랑 안에서 단순해진다. 왜냐하면 사랑의 최우선 사항으로 우리에게 삶이 허락(生命)되었기 때문이다. 아주 복잡한 삶 중에도 사랑의 은혜 속에서 그 삶을 지탱해 주는 중심 구조를 발견한다. 우리 내면의 확장을 느끼는 방법이라 할 수 있는, 우리가 사는 공간이나 방

---

137) 토마스 키딩, 『하느님과의 친밀』 엄무광 역, (서울: 성바오로, 1999) pp.207-208.

법은 이 중심축을 따라 정렬된다. 우리는 시간관념이 회복된다. 기도하는 우리의 방식이 어떻게 발전되어 왔던 우리는 이제 기도가 우리의 날을 구성하는 중요한 일들 중 하나이며, 그날을 끝마치는 기본적인 방법 중의 하나임을 안다. 우리가 하고, 해야 하는 모든 것은 이 주제(기도)에 동반되는 것이다. 우리의 중요한 사역으로서의 기도가 지배적이다.138)

관상기도는 하나님과 일치를 통한 친밀을 지향한다. 이러한 비움의 길은 내가 알고 있는 나와, 내가 알고 있는 이웃의 가치가 죽어짐을 지향한다. 그때 그곳에 하나님이 알고 있는 나와, 하나님이 알고 있는 이웃의 가치가 살아난다. 이 역동성은 주부적(注賦的, infused) 관상기도(Contemplative prayer)를 통해 하나님을 체득(體得)한 직관적인 지식을 지닌 사람의 삶에 나타는 하나님의 형상(Imago Dei)일 것이다. 토마스 머튼은 이러한 기도의 열매인 회개에 대해서 다음과 같이 말한다.

> 그리스도인 생활을 고통을 위한 또는 고통의 숭배로 만들려고 해서는 안 되겠지만, 우리는 자아 부정과 희생이, 기도 생활에 있어서 절대적인 본질이라는 것을 솔직하게 인정하여야 한다. 기도 생활이 우리 영성을 초연하게 변화시키고, 우리를 그리스도 안에서 '새사람'으로 만드는 것이라면 기도는 '회개'(metanoia)를 동반하여야 할 것이고, 이 회개는 마음의

---

138) 앤 & 배리 울라노프, 『기도의 심리학』 박선교 역, (서울: 도서출판 은성, 2002) pp.183-184.

깊은 변화로서 영적인 면에서 새로운 삶을 살게 될 뿐만 아
니라 자유롭게 되는 우리 자신을 발견하기 위하여 어떤 의미
에서 우리 존재가 죽는 것이다.[139]

하나님과 일치를 가로막는 가장 위협적인 존재는, 내 자신
(그림자)이다. 나에게 있는 어둠을 없애려고 하거나, 나에게
없는 밝음을 잡으려 하는 집착은, 지금-여기(here & now)에
나와 함께 현존(임마누엘)하는 하나님을 인지(認知)하는 것을
방해한다. 관상기도는 하나님과 일치(관상생활)를 가로막는 미
성숙한 인격(그림자)을 성숙시킨다. 결국 관상기도를 통해 '나
를 힘들게 하는 나'가 죽어지는 회개(metanoia)는, 나에게 주
어진 현실을 담대하게 포용할 수 있도록 가슴을 넓혀 준다.

그러나 관상기도를 순전히 정관주의적(靜觀主義的, quiet-
ism)인 관점에서 취급해서는 안 된다. 이 기도는 단순한 부정
만은 아니다. 한 사람이 감각적인 현실을 아주 '까맣게 지워버
리고' 암흑 속에서 자기 자신만이 홀로 있음으로써 관상가가
되는 것은 아니다. 무엇보다도 먼저 내적 성소(聖召)없이, 그
리고 문제에 대한 실천적인 추리에서 얻은 결론처럼 하나의
목표를 세우고 그대로 행하는 자는, 순전히 자기 자신이 조작
한 인공적인 암흑으로 들어가는 것이다. 그는 하나님과 홀로
있는 것이 아니고, 자신의 자기만족적인 합일에 지나지 않는

---

139) 토마스 머튼, 『마음의 기도』 이영식 역, (서울: 성바오로 출판
　　사, 1975) pp.104-106.

한, 우상 앞에 있는 것이다. 그는 무기력하고, 원시적이고, 유치한 자아도취(Narcissism) 상태에 빠져 방황하게 된다. 그 생활은 역동적이고 신비스런 의미에서가 아닌 '무'(nothing), 그야말로 아무것도 아닌 것이 된다. 신비가의 '무'(Nada)는 역설적이게도 역시 하나님의 전부(Todo)이다. 이것은 순전히 자신에게 버림받고, 자신의 덧없음에 흡수돼 있는 유일한 존재의 무(無)이다.140)

우리는 하나님을 찾고 하나님을 만나길 원한다. 하지만, 시간 속에 있는 유한한 존재인 내가, 영원하며 우리를 초월해 계시는 무한하신 하나님을 어떻게 만날 수 있을까? 이에 대해서 본 연구자는 '나를 찾고 나를 만나는 길'이 우리가 갈망하는 '하나님을 찾고 하나님을 만나는 길'이라고 본다. 믿음을 전제로 하는 관상기도를 통해 하나님과 친밀해지는 길을 설명한 십자가의 요한은 이에 대한 논거로서 어거스틴의 주장을 인용하며 다음과 같이 말한다.

여기서 우리가 충분히 알아들을 수 있는 것은 이러한 메마른 밤에서 우선 자아 인식이 나온다는 점이고, 마치 바탕이나 되듯이 이곳에서는 하나님의 인식이 나온다는 것이다. 그러기에 어거스틴은 하나님께 아뢰기를 "주여 나를 알게 하소서, 당신을 알리이다"라고 하였다. 철학자들의 말대로 하나의 극단은 다른 극단으로 잘 알 수 있기 때문이다.141)

---

140) Ibid. pp.140-141.

지금까지 관상기도 전통과 관상기도의 종류와 관상기도의
필요성을 설명하면서 관상기도에 대한 이해의 기회를 가졌다.
관상기도의 이해와 필요성은 '죄'와 '구원'에 관한 신앙과 연결
되어 있다. 죄에 대한 전통적인 개념, 즉 '원죄'와 도덕적이고
율법적인 죄에 대한 개념은, 새롭게 해석될 필요가 있다. 이에
대해서 폴 틸리히(Paul Tillich)는 인간실존 상태는 소외(es-
trangement) 상태라고 말하면서, 소외의 개념과 전통적인 죄
의 개념 사이에 관계를 논한다. 틸리히는 다음과 같이 말한다.

> 죄는 하나님과 인간들과 자신으로부터 소외되어 있는 인간
> 소외(疏外)의 표현이다. 그러므로 바울은 신앙에서, 즉 하나
> 님과의 통일성(일치 또는 합일)에서 비롯되지 않은 것은 죄
> 라고 부른다. 그리고 또 다른 본문에서(예수를 따라서)는 소
> 외란 사랑에 의해서 극복되기에, 모든 율법을 사랑의 법으로
> 요약한다. 소외는 재결합에 의해서 극복되기 때문에 죄는 믿
> 음과 사랑 안에서 극복된다.[142]

관상기도는 율법 속에 담겨 있는 복음의 정신을 일깨워 준
다. 하나님의 율법은 인간의 율법보다 쉽고 가볍다. 자신의 어
두운 과거와 주어진 현실을 수용하는 것은 분명히 부담스러운

---

141) 십자가의 성요한, 『어둔 밤』 최민순 역, (서울: 바오로딸, 1973)
  p.67.
142) 폴 틸리히(Paul Tillich), 『조직신학 - Ⅲ』 유장환 역, (서울: 한
  들출판사, 2005) p.77.

짐이다. 하지만, 자신의 어두움과 아픔을 안아주는 영적 지도자의 일관성 있는 태도(holding environment)를 통해서, 주 예수 그리스도께서 하나님과 단절된 죄인인 나를 안아주시는 것을 경험하게 된다. 그리고 그분(주님)의 말씀은 짐(율법)이 아니라 영혼의 양식(복음)으로 경험된다.

'죄'를 이렇게 '본질로부터 소외된 상태'로 이해할 때, '죄'는 '하나님과 단절된 상태'이다. 즉 '사회-이웃과 단절된 상태' 그리고 무엇보다 '자신과 단절된 상태'를 죄라 말할 수 있을 것이다. 그리고 소외된 죄 상태에서 벗어나, '재결합'에 의한 '회복'(구원)에 이르는 것은 믿음과 사랑을 통해서만 가능하다고 말하는 틸리히의 주장은 관상기도를 통해서 하나님과 친밀(재결합)해지고, 그 친밀함의 힘(사랑)으로 자신과 재결합하고, 사회와 재결합할 수 있는 가능성을 신학적으로 뒷받침해 준다고 볼 수 있다. 관상기도를 통해서 하나님과 관계가 회복됨으로 인해 이루어지는, 자신과 사회와의 연결의 모습을 십자가의 요한은 이렇게 말한다.

6. 여태까지 말한 것을 추려 보면, 영혼이 이 밤에서 얻는 이익이 네 가지인데 그것은 곧 평화를 누림과, 하나님을 꾸준히 기억하고 두려워함과, 영혼의 맑고 깨끗함과, 그리고 방금 말한 모든 덕을 닦음이다. 저 다윗은 이 밤을 경험한 듯 노래하였다. "위로도 마다하는 내 영혼, 하나님 생각할 제, 한숨은 절로 나고, 생각을 되할수록, 정신 아찔해 지나이다."(시76:3

－4) 그리고 이어서 "밤이면 마음속 깊이 생각에 잠기면서 내 영혼은 스스로 헤아리나이다."(시76:7) 했으니 이는 일체의 집착에서 정화됨을 이름이다.

7. 저 위에서 우리가 본 다른 세 가지 악습의 불완전은 다름 아닌 분노와 질투와 나태인데 그것들 역시 이 욕의 메마름에서 정화되어 영혼은 그에 상반되는 덕을 얻게 된다.

왜냐하면 하나님께서 이 밤을 통하여 단련시키는 메마름과 시련과 곤란과 노고로 말미암아 영혼이 부드러워지고 낮추어져서 하나님께 그리고 자기 자신과 이웃에게까지도 유순하게 되기 때문이다.

그렇게 됨으로써 다시는 자신의 결점을 못 견뎌서 자기에게 성내지 않고, 남의 결점 때문에 이웃에게 분노하지 않으며 하나님께 대해서도 자기를 어서 빨리 좋은 사람으로 만들어 주시지 않는대서 성내거나 무엄하기 짝이 없는 원망을 하지 않게 된다.[143]

이처럼 관상기도를 통한 영성 훈련으로 인해서 자기 성찰이 이루어지게 되고, 하나님의 사랑에 힘입어 자기를 사랑하게 됨, 즉 내면의 어두운 기억과 상처에서 자신을 분리시키지 않게 될 때에 이웃을 진정으로 사랑하게 된다.

이 과정을 통해서 우리가 현실을 보는 방식들이 바뀐다. 관상기도는 하나님에 의하여 시작된 대화가 우리가 동의함으로써 하나님과의 일치로 이끌리는 내적 변형 과정인 것이다. 이 과정, 즉 내 자신을 보는 방식이 바뀜을 통하여 우리가 현실을

---

143) Ibid. pp.72－73.

보는 방식들이 바뀐다. 우리의 의식이 재구성되면서 존재하는 모든 것 안에, 모든 것을 통하여, 모든 것 너머에 현존하시는 하나님을 더욱 향상된 감수성을 가지고 연관지으며 반응할 수 있도록 되어 간다.[144]

이런 관상기도는 하나님에 대한 전폭적인 믿음만으로 가능하다. 하나님께 대한 우리의 신뢰가 깊어지면서 자신의 인격 속에 숨어 있던 어두운 면을 인정할 능력이 각자의 알맞은 리듬, 즉 자신을 찾고 자신을 만날 수 있는 능력에 따라서 생긴다. 좋은 정신치료자는 환자가 자신의 고통스러운 내면을 상대할 능력이 생길 때까지 기다린다. 하나님과의 관계도 마찬가지이다. 하나님을 향한 겸손과 신뢰가 깊어지면 인격의 어두운 면을 더 쉽게 인정하게 된다. 결국 자신의 인간적인 가난함과 무기력함의 중심에 다다르게 되고, 거기에 다다른 것을 즐겁게 생각하게 된다. 그때에 우리는 하나님의 창조적 활동의 자유 속으로 들어가는데, 그 이유는 거기서 자신의 인격이나 재주에 대해 이기적이거나 집착적 태도를 더 이상 가지지 않기 때문이다. 이때 관상가는 이제 완전히 하나님의 손에 맡겨진다. 내적 자아(self)가 바로 기도의 목표가 된다. 이제부터는 내가 좋

---

144) 토머스 키딩, 『마음을 열고 가슴을 열고』 엄무광 역, (서울: 가톨릭출판사, 1997) p.16. 이 내용은 에베소서 4장 6절(하나님도 한 분이십니다. 하나님은 모든 것의 아버지요, 모든 것 위에 계시고 모든 것을 통하여 계시고 모든 것 안에 계시는 분이십니다.—표준새번역) 말씀과 같다.

아하는 것을 하는 자유가 아니라, 하나님이 원하시는 것을 하는 자유, 참자아로 사는, 그리고 그리스도 예수 안에서 변형되는 자유, 바로 그 자유(관상생활)를 지향한다.[145]

　관상기도의 핵심은 한마디로 '하나님과의 친밀'이다. 이것은 "내 마음은 고요하고 평온합니다. 젖 뗀 아이가 어머니 품에 안겨 있듯이, 내 영혼도 젖 뗀 아이와 같습니다"(시131:2)라는 말씀으로 표현할 수 있다. 이렇게 관상기도를 통한 하나님과 친밀함이 궁극적으로 지향하는 것은 결국 내 자신과 신앙 공동체와 사회공동체, 즉 지금 그리고 여기(here & now) 우리의 삶의 관계에서 이루어지는 '하나님의 나라'(관상생활)이다. 토마스 머튼은 다음과 같이 말한다.

　　이 어두움과 빛의 교체는 그리스도인과 하나님 사이에 일종의 대화(對話)를 이룰 수 있고, 이 대화는 하나님이 우리의 전부이시라는 신념 안으로 더욱더 깊이 끌고 간다. 이와 같은 교체로서 우리는 이탈(離脫)과 희망(希望)에로 성장한다. 우리는 관상에 충실함으로써만 얻을 수 있는 이 위대한 선(善)을 실현하여야 한다. 달리 발견할 수 없는 새로운 영역(領域)이 전개(展開)되고, 이것을 '하나님의 나라'라고 부른다. 이 나라에 들어가기 위해서는 어떠한 노력이나 희생이라도 감수해야 할 것이다.[146]

---

145) Ibid. p.148.
146) 토마스 머튼, 『마음의 기도』 이영식 역, (서울: 성바오로 출판사, 1975) p.36.

이렇게 관상기도를 통한 영성 형성과 정신분석을 통한 심리 치료는 사회성이라는 공통된 방향으로 이끈다. 관상기도의 영적 여정은 우리의 지성(知性)이 정화되고, 하나님을 향한 불타는 정열을 가지고 말씀을 따르고자 하는 확고한 의지(意志)에도 불구하고, 우리의 마음과 우리의 삶 속에 하나님의 마음을 담지(incorporation) 못하는 이유를 잘 설명해 준다. 그것은 우리의 지성과 의지가 하나님을 향한 사랑으로 정화되더라도, 지난 과거의 아픈 기억(記憶)에 사로잡혀 있고, 또한 멸절과 상실에 대한 상상(想像)에서 자유롭지 못하고 이것에 끌려 다니기 때문이다. 관상기도의 여정은 하나님과의 친밀(親密)을 통해서 우리의 지성(知性)과 의지(意志)와 기억(記憶)과 상상(想像) 그리고 모든 외부의 감각(感覺)이 어떻게 정화되는지 설명해 준다. 위니캇의 안아주는 환경(holding environment)은 성숙과정의 촉진적 환경으로서, 공격성 통합을 낳고 결국 사회와 연결시키는 과정은, 관상기도의 영적인 여정을 잘 설명해 준다. 신앙 공동체의 일원과 올바른 관계를 형성하기 위해서는, 기도를 통해 먼저 내 자신(self)과의 관계가 올바로 회복되어 있어야지만 가능하다. 이렇게 관상기도를 통한 '영성 형성'과 정신분석을 통한 '심리구조의 재형성'은 우리의 삶의 자리에서 만나게 된다. 그것은 우리 사회 공동체 안에, 영원한 '하나님의 나라'(The Kingdom of God)를 이루어 가는 것이다.

V. 결 론

위니캇 심층심리학 이론 중 핵심 이론인 안아주는 환경 (holding environment)은 그리스도의 삶과 닮아 있다. 그리스도의 삶의 모습 중에서 3가지의 안아주는 모습을 볼 수 있다. 첫 번째 안아주는 환경은 제자들의 발을 씻기신 사건이다.(요 13:5) 예수는 제자들에게 이렇게 말한다. "내가 하는 일을 지금은 네가 알지 못하나, 나중에는 알게 될 것이다." 두 번째 안아주는 환경은 빵과 잔을 들어 축복하고 떼어서 제자들에게 나누어준 만찬의 사건이다.(미26:26-27) 예수는 제자들이 스승을 모른다고 부인하고 도망할 것을 알면서 그들을 사랑의 식탁으로 초대하며 이렇게 말한다. "받아서 먹어라. 이것은 내 몸이다. 그리고 모두 돌려가며 이 잔을 마셔라. 이것은 죄를 사하여 주려고 많은 사람을 위하여 흘리는 나의 피, 곧 언약의 피다." 그리고 마지막, 안아주는 환경은 십자가에 달려 고난당하면서도 자신을 십자가에 못 박고, 자신의 옷을 나누기 위해서 제비를 뽑는 그들을 위해서 기도하는 사건이다. 예수는 그들을 위해서 하나님께 이렇게 기도드린다. "아버지, 저 사람들을 용서해 주십시오. 저 사람들은 자기네가 무슨 일을 하는지를 알지 못합니다."

관상기도의 영적 여정은 영적 지도자가 지녀야 할 통찰, 즉 옛사람과 새사람의 엄청난 괴리(乖離, gap)인 곤고(困苦)한 인간 실존을 잘 이해하도록 이끈다. 우리도 삶 속에서 예수님처럼 제자들의 발을 씻기까지 낮아져 섬기고, 스승을 부인(否認)하고 자기 곁을 떠날 것을 알면서도 그러한 죄인을 사랑의 식탁으로 초대해 주시는 예수님의 순수한 사랑을 품길 원하며, 또한 십자가의 고난 중에도 자신을 해하는 죄인을 위해서 기도하시는 모습을 바라보며, 악을 악으로 되돌려 주지 않는 자비를 베풀기 원한다. 하지만 우리의 삶의 실존은 그렇지 못하다. 이렇게 우리의 이성과 의지가 하나님께 사로잡혀 뜨거운 열정을 지니고 있음에도 불구하고, 예수 그리스도의 말씀과 삶을 우리의 마음과 삶 속에 담지(incorporation) 못한다. 오히려 사도 바울의 고백처럼, 마음으로는 하나님의 법을 섬기고, 육신으로는 죄의 법을 섬기고 있는(롬7:25) 비극적 인간의 모습이 내 삶의 모습이라는 것을 발견하게 된다. 이때 관상기도(apophatic)를 통한 영적 여정은, 내가 원하는 것들은 행하지 않고 오히려 내가 원하지 않는 것을 행하는 곤고한 인간 실존의 갭(gap)을 극복할 수 있게 한다.

우선 주부적 관상(infused contemplation) 기도단계에서 제일 먼저 인간이 지니고 있는 이성(理性)이 정화되기 시작한다. 낮아짐이 높아짐이라는 것을 의심하지 않는다. 이것은 합리성과 논리성을 뛰어넘는 기도의 특성을 의미한다. 그리고 보다 기도가 좀 더 깊어진 정적의 기도(prayer of quiety)에서는 의지(意志)가 정화된다. 부(富)와 명예보다 오직 하나님을 향한 사랑으로 불타오른다. 이렇게 주부적 관상기도와 정적의 기도를 통해서 우리의 이성과 의지가 사로잡혀 정화되어도, 우리의 영혼은 분심에서 자유롭지 못하다. 그 이유는 여전히 우리의 기억과 상상은 분심(分心)을 불러일으키기 때문이다. 과거의 슬프고 어두운 기억(記憶)에 사로잡혀 있고, 미래에 대한 멸절(滅絶)과 상실(喪失) 불안의 상상(想像)에 강하게 사로잡혀 있어서 우리 영혼이 자유롭지 못하기 때문이다. 이렇게 우리 마음으로는 기꺼이 하나님의 법을 섬기지만, 육신으로는 내가 원하지 않는 사망의 법을 섬기는 곤고한 인간의 비극적인 모습을 구체적으로 볼 수 있게 해 준다.

뿐만 아니라, 일치의 기도(prayer of union)를 통해서 과거의 슬프고 어두운 기억(記憶)과 미래의 멸절과 상실 불안의 상상(想像)도 성령의 은혜로 사로잡혀 정화되는 것을 볼 수 있게 해 준다. 그리고 보다 더 하나님과 친밀한 단계인 순응일치의 기도(prayer of conforming union)를 통해 영혼의 내적 기능인 이성과 의지와 기억과 상상뿐만 아니라, 외적 기능인 모든 감성(感性)도 사로잡혀 정화된다. 그리고 결국에는 내적 기능과 외적 기능이 모두 성령에 사로잡힌 변형일치의 기도(prayer of transforming union)에서는 탈혼(脫魂)의 원인이 되었던 큰 약점(슬프고 어두운 삶)은 오히려 하나님이 주신 큰 힘이 된다. 이렇게 변형일치의 기도의 단계에 도달해야 내가 원하는 것은 행치 않고 오히려 원하지 않는 것을 행하는 거짓 자기(False Self)에 대한 자기증오(自己憎惡)의 삶으로부터 구원된, 관상의 삶인 참자기(True Self)의 삶, 즉 우리가 원하는 걸 하는 자유가 아니라 하나님이 원하는 것을 하는 자유 또한 그리스도 안에 변형되는 자유, 오직 이것(관상의 삶)만 기도 목표가 된다.

관상기도는 능력이다. 이 '능력'이라는 것을 심층심리학에서는 "응집적 자기(self)가 발달하고 그에 따라 개인은 자기애적(自己愛的) 상처와 직면하면서도 파편화를 견딜 수 있는 능력"으로 표현된다. 관상기도(apophatic)의 과정인 응집적 자기(self)가 발달하고 그 힘을 통해 자기애적 상처와 직면하면서도 파편화를 견딜 수 있는 과정을 설명해 주는, 안아주는 환경(holding environment)의 의미와 목표인 사회화는 관상기도를 이해하고 실천하는 데 적합한 심층심리학이다.

위니캇의 안아주는 환경(holding environment)은 침범에 의한 박탈로 반사회적 경향성(인격 장애와 경계선 장애)들을 보이는 것을, 상실한 대상을 다시 얻으려는 노력으로 이해하고, 오히려 비행(非行)을 희망이 발달하고 있다는 것으로 해석한다. 이러한 일관성 있는 돌봄과 태도들은 성장과정을 촉진시키는 충분히 좋은 환경을 제공하고, 이 안에서 아기는 자신의 방식대로 자라면서 사랑과 증오를 통합시킨다. 이 과정을 통해 유아의 마음에 어머니가 내재화되면 유아가 어머니 없이 홀로 있을 수 있는 능력과 인격의 시간적 통합이 강화된다. 이때 유아에게 필요한 핵심은 자신의 공격성으로 인해 어머니가 손상되거나 파괴되지 않았음을 인식하는 것이다. 그렇게 대상이 살아남고 수용해 줄 때 유아는 자신의 공격성이 지닌 가치를 믿을 수 있고 대상 사용이 가능해진다.

반대로 일관성 있는 관리와 돌봄을 받지 못하면 유아의 인격구가 왜곡된다. 이 거짓자기(False Self)는 인격구조가 방어적으로 이루어져 있고, 환경과 진정한 접촉을 차단한 채 살아가고 있음을 말해 준다. 이때 분석가의 과제는 참자기가 출현할 때까지 거짓자기의 허구성을 지적해 주는 것이다. 결국 위니캇이 주장하는 정신분석 지료란 발달 과정에서 어머니가 수행하는 역할과 같은 것이며, 역할의 본질은 욕구에 적응해 주는 것이다. 그렇게 욕구 충족에 적응해 주는 것만이 묶여 있었던 성숙과정을 풀어주는 요소라고 본다. 환경이 충분히 좋아지면, 아기는 자신의 방식대로 행복하게 자라게 되어 있는 것이다.

이 같은 위니캇의 안아주는 환경은, 믿음에서 믿음에 이르는 관상기도의 특성을 잘 설명해 준다. 관상기도를 통해서 우리의 영혼이 하나님의 대자대비(大慈大悲)한 사랑에 이끌려 나를 묶고 있는 슬프고 어두운 기억과 상상에서 풀려 자유를 얻고, 내 마음과 육신이 하나님이 원하는 것을 하는 자유와 하나님을 뜨겁게 사랑할 수 있는 자유의 역동성을 잘 설명해 준다. 관상기도의 안아주는 환경(holding environment)을 통해 거짓자기(False Self)에서 참자기(True Self)로 변형적 일치(Transforming Union)의 역동을 잘 설명해 주는 성서 말씀은 '되찾은 아들의 비유'(눅15:11 - 32)의 내용이다. 아버지는 창녀들과 어울려 아버지의 재산을 다 삼켜버린 아들이 돌아오자 기뻐하며, 죽었다가 되살아났고 잃었다가 되찾은 아들을 위하여 살진 송아지를 잡는다. 우리는 보통 이 비유의 핵심은 '돌아온 작은 아들'에게 있다고 생각한다. 그의 결단과 용기, 회심과 회개에 무게 중심을 둔다. 이 비유 말씀을 안아주는 환경의 관상적인 관점에서 바라보면, 돌아온 작은 아들은 초점이 아니다. 이 비유의 핵심은 일관성 있는 아버지의 돌봄과 뜨거운 사랑의 태도이다. 돌아온 작은 아들의 결단과 용기, 회심과 회개는 '충분히 좋은 환경'(사랑의 하나님)에 의한 '이끌림'(mirroring)에 불과한 것이다.

이러한 관계성은 하나님의 형상(Imago Dei)을 따라 지음받은 우리 모두의 관계에 적용된다. 자녀가 부모에게 사랑을 고백할 수 있는 것은, 자녀의 노력과 능력에 따른 것이 아니다. 효도는 먼저 아이를 향한 부모의 순수한 사랑의 응답일 뿐이다. 우리가 관상기도를 통해서 하나님께 우리의 뜨거운 믿음을 보일 수 있는 것도 이와 같은 원리이다. 하나님께서 먼저 우리를 향한 신실하시고 순수한 믿음으로 일관성 있는 태도를 취하시기 때문이다. 우리의 관상기도와 관상의 삶은 그것에 대한 응답일 뿐이다.

관상기도는 영적 지도자가 탈진(burnout)하지 않고 '심각함'에서 벗어나 '쾌활함'(playfulness)을 유지하도록 돕는다. 그러기 위해서 안아주는 환경의 의미를 통해 새로운 경험이 정신 안에서 통합되기 전까지는(새사람으로 거듭나기 전까지는), 옛 과거의 문제(옛사람)를 온전히 극복하는 일은 불가능하다는 것을 인지해야 한다. 새로운 경험이 정신 안에 통합되기 위한 방법 중에 하나는, 관상기도의 안아주는 환경에 의해서 나를 찾고 나를 만나는 방법이 있다. 이 중간영역 안에서 내가 알고 있는 나를 넘어서, 하나님이 알고 있는 나를 만날 수 있다. 이 기도의 경험을 통해 비로소 과거의 슬프고 어두운 기억, 미래의 멸절과 상실 불안의 상상에 사로잡혀 있는 나를 안을(Holding environment) 수 있다. 지금 여기(Here & Now)에 있는 모습 그대로의 벌거벗은 나를 진정으로 수용할 수 있는 사람만이, 나와 관계하는 대상의 모습을 그대로 포용할 수 있다.

하나님을 찾고 싶고 만나고 싶은 만큼, 나를 찾고 나를 만나야 한다. 이 순례는 자기증오(自己憎惡)에서 자기수용(自己收容)으로 가는 길이다. 순례자는 안아주는 환경에 의해서, 결단과 용기, 회심과 회개의 눈물 골짜기를 지나야 한다. 그 눈물은 나를 향한 '하나님의 눈물'이다. 그 사랑(慈悲, holding environment)이 통합, 치유, 성장으로 이끌고 결국 사회화로 이끈다.

이렇게 '나' 자신을 긍휼히 여길 수 있는 만큼 '이웃'(너)을 긍
휼히 여길 수 있고, 또 '나'를 기뻐할 수 있는 만큼 '이웃'(너)
과 함께 기뻐할 수 있다. 관상기도를 통해서 내가 알고 있는
나(False Self)를 넘어서, 하나님이 알고 있는 나(True Self)의
가치와 능력을 볼 수 있는 사람들만이, 내가 알고 있는 자녀와
남편(아내)과 부모님을 넘어서, 하나님이 알고 있는 자녀와 남
편(아내)과 부모님의 능력과 가치를 볼 수 있다.

이러한 힘은 자신의 노력과 인격에서 나오는 것이 아니다.
이 신비에 대해 사도 바울은 "복음에는 하나님의 의가 나타나
서 믿음으로 믿음에 이르게 하나니 기록된바 오직 의인은 믿
음으로 말미암아 살리라 함과 같으니라"고 말씀하신다(롬
1:17). "믿음으로 믿음에 이른다"는 말씀을 관상적으로 이해한
다면, 아이를 향한 부모님의 조건 없는 사랑 때문에 어린아이
가 부모님을 향해 사랑을 고백할 수 있는 것처럼, 우리를 향한
하나님의 무한한 사랑(慈悲)이 있기 때문에 우리가 하나님을
향해서 기도하고 사랑을 고백할 수 있다. 관상기도는 단순히
그 사랑에 안길 뿐이다. 이렇게 관상기도는 치유와 회복을 위
한 일관성 있는 태도인, 안아주는 환경(holding environment)
으로 이해할 수 있다.

지금까지 교회의 역사와 함께해 온 교회 전통의 관상기도
(contemplative prayer; apophatic)를 현대 심층심리학인 위니
캇의 대상관계 이론을 통해서 이해하는 연구의 시간을 가졌다.

이 연구는 이성 중심의 사고를 갖고 있는 신앙인에게 기도에 대한 이해와 실천 방향을 제시해 준다. 그리고 앞으로 이론신학과 성서신학적인 연구를 통해서 좀 더 체계적인 기독교 신학으로 정립해야 할 과제를 지닌다.

참고문헌

Ⅰ. 국내문헌

권명수.『관상기도 집중 수련의 효과에 대한 경험적 연구』신학
　　　연구 제45집, 2004.
길희성.『마이스터 엑카르트의 영성 사상』경북, 분도출판사, 2003.
방효익.『영성사』서울, 바오로딸, 1996.
오채근 편저.『비교정신분석학』서울, 한국심리치료연구소, 2005.
유해룡.『하나님 체험과 영성수련』서울, 장로회신학대학교 출판부.
정원범 편저.『영성·목회·21세기』서울, 한들출판사, 2006.
한국목회상담학회.『한국인의 종교심리와 목회상담: 한국목회상
　　　담학회 제7차 가을학술대회』www.kspcc.org, 서울, 2006.
한미준-한국갤럽.『한국교회 미래 리포트』서울, 두란노서원, 2005).
http://kosis.nso.go.kr/(KOSIS 통계정보시스템: Korean Statistical
　　　Information System).

Ⅱ. 번역서

그린버그, 제이. & 밋첼, 스테판. 이재훈 역.『정신분석학적 대상관

계이론』 서울, 한국심리치료연구소, 1999. Greenberg, Jay & Stephen A. Mitchell., *Object Relations in Psychoanalytic Theory*, Cambridge, Harvard University Press, 1983.

데이비스, 마델레인 & 월브릿지, 데이빗. 이재훈 역.『울타리와 공간』 서울, 한국심리치료연구소, 1997. Madeleine Davis & David Wallbridge., *BOUNDARY AND SPACE: An introduction to the work of D. W. Winnicott*, Mark Paterson, 1981.

드 멜로, 앤소니. 이미림 역.『하느님께 나아가는 길』 서울, 성바오로, 1986. Anthony de Mello S. J., *Sadhana: a way to God*, Poona, India., 1978.

리주토, 애너 – 마리아. 이재훈 역,『살아있는 신의 탄생』 서울, 한국심리치료연구소. 2000. Ana – Maria Rizzuto., *The Birth of the Living God*, The University of Chicago, 1979.

말러, 마가렛 S. 이재훈 역.『유아의 심리적 탄생』 서울, 한국심리치료연구소, 1997. Margaret S. Mahler., *The Psychological Birth of The Human Infant: Symbiosis and Individuation*, Fred Pine, 1975.

매튜스, 멜빈. 한정옥 역.『내 안의 하느님 자리』서울, 바오로딸, 2005. Melvyn Matthews., *God's Space in You*, John Hunt Publishing Ltd, 2003.

머턴, 토마스. 오무수 역.『명상이란 무엇인가?』 서울, 가톨릭출판사. Thomas Merton., *WHAT IS CONTEMPLATION?*, Illinois, The Merton Legacy Trust and Templegate Publishers, 1985.

머턴, 토마스. 이영식 역.『마음의 기도』 서울, 성바오로 출판사, 1983. Thomas Merton. *CONTEMPLATIVE PRAYER*,

DARTON, LONGMAN AND TODD, 1969.

미국 정신과 학회. 이근후 외 14명 역.『정신장애의 진단 및 통계 편람 제4판』서울, 하나의학사, 1997. American Psychiatric Association., *DSM-IV^{TM}: DIAGOSTIC AND STATISTICAL MANUAL OF MENTAL DISORDERS-FOURTH EDITION*, Washington D. C., 1994.

미국 정신분석 학회. 이재훈 역.『정신분석 용어사전』서울, 한국심리치료연구소, 2002. The American Psychoanalytic Association., *Psychoanalytic Terms & Concepts*, Burness E. Moore, M. D. & Bernard E. Fine, M. D., 1990.

보스트, 짐. 박금옥 역.『관상』서울, 성바오로, 1999. Jim Borst, MHM., *A Method of Contemplative Prayer*, Asian Trading Corporation, 1973.

시걸, 앨런. 권명수 역. 이재훈 감수.『하인즈 코헛과 자기심리학: 온전한 치유의 길』(서울: 한국심리치료연구소, 2002). Allen M. Siegel., *Heinz Kohut and the Psychology of the Self*, Routledge, 1996.

십자가의 요한. 최민순 역.『가르멜의 산길』서울, 바오로딸, 1971. San Juan de la Cruz., *Subida del Monte Carmelo.*

십자가의 요한. 최민순 역.『어둔 밤』서울, 바오로딸, 1973. St. John of the Cross., *The Dark Night of the Soul.*

써머즈, 프랭크. 이재훈 역.『대상관계 이론과 정신병리학』서울, 한국심리치료연구소, 2004. Frank Summers., *Object Relations Theories and Psychopathology: A Comprehensive Text*, The Analytic Press, Inc., 1994.

아리코, 칼 J. 엄성옥 역.『집중기도와 관상여행』(Centering Prayer and the Contemplation Journey) 서울, 도서출판 은성, 2000.

Carl J. Arico., *A Taste of Silence*, New York, The Continuum Publishing, 1999.

오먼, 조던. 이홍근 역.『영성신학』경북, 분도출판사, 1987. Jordan Auman., *SPIRITUAL THEOLOGY*, London, Sheed and Ward, 1980.

오먼, 조던. 이홍근·이영희 역.『가톨릭 전통과 그리스도교 영성』서울, 가톨릭출판사, 1991. Jordan Auman, *CHRISTIAN SPIRITUALITY IN THE CATHOLIC TRADITION*, London, Sheed & Ward Ltd, 1985.

울라노프, 앤 벨포드. 이재훈 역,『영성과 심리치료』서울, 한국심리치료연구소, 2005. Ann Belford Ulanov., *SPIRITUALLTY & PSYCHOTHERAPY*.

울라노프, 앤. & 울라노프, 배리. 박선규 역.『기도의 심리학』서울, 도서출판 은성, 2002. Ann & Barry Ulanov, *Primary Speech*, Westminster John Knox Press, 1982.

위니캇, 도날드 W. 이재훈 역.『성숙과정과 촉진적 환경』서울, 한국심리치료연구소, 2000. D. W. Winnicott., *The maturational Processes and The facilitating Environment: Studies in the Theory Emotional Development*, 1984.

위니캇, 도날드 W. 이재훈, 박경애, 고승자 역.『박탈과 비행』서울, 한국심리치료연구소, 2001. D. W. Winnicott., *Deprivation and Delinquency*, arrangement with Mark Pasterson and The Winncott Trust, 1984.

제임스, 윌리엄. 김성민·정지련 역.『종교 체험의 여러 모습들: 인간의 본성에 관한 연구』서울, 대한기독교서회, 1997. William James., *The varieties of Religious Experience: A Study in Human Nature*.

클레어, 마이클 세인트. 이재훈 역. 『인간의 관계 경험과 하나님
　　경험』 서울, 한국심리치료연구소, 1998. Michael St. Clair.,
　　*Human Relationship and the Experience of God: Obiect
　　Relations and Religion*, 1994.

키팅, 토마스. 엄무광 역. 『관상기도를 통해 하느님께 나아가는 길』 서
　　울, 가톨릭출판사, 1999. Thomas Keating., *INVITATION TO
　　LOVE: The way of Christian Contemplation*, St. Benedict's
　　Monastery, 1992,

키팅, 토마스. 엄무광 역. 『하느님과의 친밀』 서울, 성바오로,
　　2005. Thomas Keating., *Intimacy with God*, Colorado,
　　Snowmass, St. Benedict's Monastery, 1994.

틸리히, 폴. 유장환 역. 『조직신학 – Ⅲ』 서울, 한들출판사, 2005.
　　Tillich, Paul., *Systematic Theology Vol. Ⅲ*, The University of
　　Chicago, 1957.

Ⅲ. 외국문헌

Cooper – White, Pamela., *"I do not do the good I want, but the
　　evil I do not want is what I do": the concept of the
　　vertical split in self psychology in relation to Christian
　　concepts of good and evil*, Journal of Pastoral Theology,
　　Vol.13.

Greenlee, Lynn F., *Kohut's self psychology and the theory of
　　narcissism: some implications regarding the fall and
　　restoration of humanit*, Journal of Psychology & The-

ology, Vol.14.

Julian, Rachel, *Building bridges: Teresa of Avila and self psychology*, pastoral Psychology, Vol.41.

Alan Jones., *EXPLORING SPIRITUAL DIRECTION*, New York, HarperSanFrancisco, 1982.

Arraj, James., *St. John of the Cross and Dr. C. G. Jung: christian mysticism in the light of jungian psychology*, Inner Growth Books, 1988.

Howells, Edward., *John of the Cross and Teresa of Avila: mystical knowing and selfhood*, New York, A Herder and Herder Book, 2002.

JAMES L. FOSSHAGE, Ph.D. & PAUL OLSEN, Ph.D., *HEALING: implications for Psychotherpy*, New York, Human Science, 1978.

Rev. Gerald R. Niklas & Charlotte Stefanics, R. N., *MINISTRY TO THE SICK*, New York, ALBA HOUSE, 1982.

Rossi, Ernest Lawrenc., *The Psychobiology of Mind－Body Healing: new concepts of therapeutic hypnosis*, New York, London, W・W・NORTON & COMPANY, INC, 1993.

• 저자 •

•약 력•
호남신학대학교 신학과 졸업
한신대학교 신학전문대학원 석사(M.DiV-실천신학 전공)

전성주

영성과 사회성

• 초판 인쇄	2008년 3월 15일
• 초판 발행	2008년 3월 15일
• 지 은 이	전성주
• 펴 낸 이	채종준
• 펴 낸 곳	한국학술정보㈜
	경기도 파주시 교하읍 문발리 513-5
	파주출판문화정보산업단지
	전화 031) 908-3181(대표) · 팩스 031) 908-3189
	홈페이지 http://www.kstudy.com
	e-mail(출판사업부) publish@kstudy.com
• 등 록	제일산-115호(2000. 6. 19)
• 가 격	22,000원

ISBN   978-89-534-8276-0 00230 (Paper Book)
        978-89-534-8277-7 98230 (e-Book)